ulmer

Wolfgang Kawollek
Henning Falk

DIE PFLANZEN DER BIBEL

kennen und kultivieren

94 Farbfotos
9 historische Abbildungen

Inhalt

Vorwort

Die Bibel (gr. biblos = Buch) oder die Heilige Schrift ist eine Sammlung von Büchern, die das Alte und Neue Testament umfasst. Das Alte Testament wird von Juden und Christen als Offenbarungsurkunde betrachtet. Die Bücher des Alten Testaments stammen von Verfassern, durch die Gott zu den Menschen spricht und durch die das Volk Israel seinen Glauben an die Heilstaten und Verheißungen Gottes bekennt. Jesus und seine Jünger übernahmen die Bücher der Heiligen Schrift, wie sie ihr Volk kannte, und beriefen sich in ihrer Botschaft auf sie als auf das Wort Gottes. Im Neuen Testament schließlich sind die Worte Jesu und die Berichte über seine Taten und sein Schicksal überliefert.

Es gibt viele Möglichkeiten sich der Heiligen Schrift zu nähern. Eine Möglichkeit, mehr über das Buch der Bücher zu erfahren, ist über die in den Texten erwähnten Pflanzen. Holt man sich die in der Bibel erwähnten Pflanzen in Haus und Garten, hat man die Möglichkeit, die Geschichten der Bibel ein wenig zum Leben zu erwecken und so ganz nebenbei das Wunder der Schöpfung lebendig werden zu lassen.

Pflanzen ziehen sich wie ein roter Faden durch die Heilige Schrift, beginnend mit der Schöpfung im ersten Kapitel des ersten Buches der Bibel,

Dann sprach Gott: Das Land lasse junges Grün wachsen, alle Arten von Pflanzen, die Samen tragen, und von Bäumen, die auf der Erde Früchte bringen mit ihrem Samen darin. So geschah es. Das Land brachte junges Grün hervor, alle Arten von Pflanzen, die Samen tragen, alle Arten von Bäumen, die Früchte bringen mit ihrem Samen darin. Gott sah, dass es gut war. Es wurde Abend und es wurde Morgen: dritter Tag.

1. Buch Mose (Genesis) 1,11–13

bis hin zum Leiden und Tod Jesu Christi:

Josef aus Arimathäa war ein Jünger Jesu, aber aus Furcht vor den Juden nur heimlich. Er bat Pilatus, den Leichnam Jesu abnehmen zu dürfen, und Pilatus erlaubte es. Also kam er und nahm den Leichnam ab. Es kam auch Nikodemus, der früher einmal Jesus bei Nacht aufgesucht hatte. Er brachte eine Mischung aus Myrrhe und Aloe, etwa hundert Pfund. Sie nahmen den Leichnam Jesu und umwickelten ihn mit Leinenbinden, zusammen mit den wohlriechenden Salben, wie es beim jüdischen Begräbnis Sitte ist. An dem Ort, wo man ihn gekreuzigt hatte, war ein Garten, und in dem Garten war ein neues Grab, in dem noch niemand bestattet worden war. Wegen des Rüsttages der Juden und weil das Grab in der Nähe lag, setzten sie Jesus dort bei.

Lukas 19, 38–42

Dieses Buch ist nicht nur ein Buch über die Pflanzen der Bibel, sondern ein Buch, das Anleitung gibt, wie man die eine oder andere in der Bibel erwähnte Pflanze in seinem Garten, auf Balkon und Terrasse oder im Haus und Wintergarten halten kann.

Dieses Buch soll Sie mitnehmen auf eine „Reise" durch die Pflanzenwelt der Heiligen Schrift und Ihnen etwas über die Faszination der Pflanzen vermitteln. Wir wünschen uns, dass die Informationen über die Pflanzen, die Bilder und nicht zuletzt die Bibeltexte zum Nachdenken und Meditieren anregen und dass die Gedanken dabei auch im übertragenen Sinn auf die Wege gelenkt werden, auf denen Israel, das Gottesvolk, und Jesus Christus, unser Herr, gewandert sind.

Wolfgang Kawollek
Henning Falk

Pflanzen in der Bibel

Die Texte des Alten und Neuen Testaments bieten eine Fülle von Mitteilungen über Pflanzen. Sie weisen eine Vielzahl von Riten, Festen, Geboten und Vorschriften auf, die mit Pflanzen allgemein, aber auch mit ihrem gezielten Anbau zu tun haben. Entsprechend finden Sie im Buch sowohl bibelrelevante, kulturhistorische als auch gärtnerische Informationen zu den Pflanzen.

Anna, der unter Thutmosis I. (1547–1501 v. Chr.) starb. Granatfrüchte wurden unter den Totenbeigaben eines Grabes der 20. Dynastie zur Zeit Ramses IV. (1167–1148 v. Chr.) aus der Totenstadt Theben gefunden. Schon in dieser Zeit stellte man aus dem säuerlichen, Durst löschenden Fruchtfleisch Granatapfelmost, die Grenadine (eine Art Limonade), her.

Die griechische Mythologie lässt den Granatapfel aus vergossenem Blute entstehen und hält ihn für einen Baum der Unterwelt. Die Früchte gelten zufolge ihres Kernreichtums als Symbol der Fruchtbarkeit. In alten hellenischen Zeiten warfen die Gäste beim Eintritt des Brautpaares einen Granatapfel auf den Boden um ihn zu zertrümmern, als Vorstellung von Glück, Überfluss, reichem Segen und Fruchtbarkeit. Diesen Brauch soll es in Griechenland auch heute noch vereinzelt geben.

Am jüdischen Neujahrsfest (Rosch haSchanah) werden traditionell Granatapfelkerne gegessen. Der Volksglaube besagt, dass der perfekte Granatapfel 613 Kerne hat, soviel wie die Torah Gebote enthält. Der Ausdruck „voll wie ein Granatapfel“ (Berachot 57 a) bezieht sich auf jemand, der viele Mizwot (Gebote) tut (hält).

Als Attribut der Hera erscheint die Frucht in den achäischen Städten Italiens, von wo aus der Baum wohl bereits zur Zeit der Tarquiner zu den Römern gelangte. Auch bei ihnen hatte der Granatapfelbaum eine gewisse sakrale Bedeutung, zumal nach altrömischem Opferritual die Gattin des Oberpriesters auf dem Haupte einen Granatbaumzweig trug. Er galt als Sinnbild der Einigkeit, Demokratie und Freundschaft.

Nach Spanien soll die Kultur durch die Araber um 700 gebracht worden sein. Die im 10. Jahrhundert von den Mauren gegründete Stadt Granada erhielt von der Granatapfelfrucht (Granate), deren Abbild auch ins Stadtwappen überging, ihren Namen.

Kaiser Heinrich der IV. wählte den Apfel als „arce dulce“ zu seinem königlichen Wappen.

Aus den äußerst dekorativen Früchten des Granatapfels lässt sich allerhand Köstliches und Nutzbringendes gewinnen.

Punica granatum 'Nana', eine Zierform, ist als Kübelpflanze besonders gut geeignet.

Steckbrief

Wuchs: Mehrstämmig als Großstrauch oder als kurzstämmiger, kleiner Baum, meist 3–5 m, selten 10 m hoch. Sprosssystem in Kurz- und Langtriebe gegliedert.

Stamm: Ältere Stämme zerklüftet und gedreht, Stammdurchmesser auch bei alten Pflanzen kaum mehr als 20 cm im Durchmesser.

Laub: Blätter eilanzettlich, ganzrandig, kurz gestielt, 3–8 cm lang, meist gegenständig, an Langtrieben mitunter auch wechselständig, an den Kurztrieben büschelig angeordnet; im Austrieb zum Teil hübsch kupfrig überlaufen.

Blüte: Die brennend korallenrot (granatrot) gefärbten Blüten, sitzen zu 1 bis 3 an den Zweigenden oder achselständig. Blütezeit in der Regel von Juni bis September.

Früchte: Ansehnliche, apfelgroße, gefächerte, kugelige, 2–12 cm breite, von dem Kelch gekrönte Trockenbeere, mit derber, dicklederiger, später rissig aufspringender, rötlicher, zuletzt lederbrauner Schale. Die zahlreichen Samen sind von einem saftigen Mark umgeben.

Verwendung der Früchte: Aus den Früchten wird Granatapfelmost, die bekannte Grenadine, hergestellt. Ferner gewinnt man aus dem Saft kristallisierte Zitronensäure, Gelee und Sirup. Stamm und Wurzelrinde werden auch heute noch als Naturheilmittel verwendet. Aus den Blüten wurde früher ein Gurgelwasser hergestellt. Frische Granatäpfel und die Samen sollen sich als Mittel zur Fiebersenkung bewährt haben, die Fruchtschale soll bei Verdauungsstörungen helfen. Auch wird aus den Fruchtschalen ein zitronengelber bis rotbrauner Farbstoff gewonnen, der zur Färbung orientalischer Teppiche und als Gerbstoff für Marokkoleder verwendet wird.

Herkunft: Über die Heimat des Granatapfels gehen die Ansichten sehr weit auseinander, doch nimmt man an, dass sie in Westasien (Iran und angrenzende Länder) liegt. Von dort ging schon in vorhistorischer Zeit seine weitere Verbreitung aus. Als Nutzpflanze wird sie heute in den Tropen und Subtropen der Welt, so auch in Australien und auf dem amerikanischen Kontinent, angebaut.

Kultur- und Pflegehinweise

Verwendung: Kübel- und Wintergartenpflanze, für kurze Zeit auch als Topfpflanze zu verwenden. Etwas Besonderes sind Granatäpfel als Bonsai.

Verfügbarkeit im Handel: Bei den bei uns in Gartencentern und Gärtnereien regelmäßig angebotenen Granatäpfeln handelt es sich in aller Regel um die Zierform 'Nana', die im Kübel kaum höher als 1 m wird, sehr reich blüht und auch reich fruchtet. Die Art selbst sowie Obst- und Zierformen, letztere auch gefüllt blühend mit weißen oder gelben

Ölbäume eignen sich vortrefflich zur Gestaltung von Bonsais.

aus einer Lanze der Pallas Athene und war darum auch dieser Göttin geweiht. Seine Vernichtung wurde mit schweren Strafen belegt. In Attika wurde die Geburt eines Kindes durch das Aushängen eines Kranzes aus Ölbaumzweigen verkündet, das Grab der Verblichenen mit Ölzweigen geschmückt. Den Siegern der olympischen Spiele wurde zur Ehrung ein Kranz aus Olivenzweigen überreicht.

Der Gebrauch von Olivenöl ist lange vor Christus bezeugt. Es wurde und wird sowohl als Speiseöl als auch zu kosmetischen Zwecken verwendet. Baum und Früchte standen in so hohem Ansehen, dass das Öl, neben der Verwendung als tägliche Nahrung, zur Salbung von Königen und Priestern wie auch der Kranken diente. Daneben wurde es in den Lampen zu Hause und im Tempel verbrannt, aber auch als Lösungsmittel von verschiedenen Würz-, Duft und Aromastoffen für Parfüms und Kosmetika verwendet.

Der Römer Plinius meinte, man solle den Wein von innen, doch das Öl von außen anwenden. Der Grieche Demokrit empfahl das Olivenöl ebenfalls für die Anwendung von außen, für innen empfahl er Honig.

Weniger bekannt als die Verwendung der Früchte ist die Nutzung der Ölbaumblätter, die als gutes Blutdruck senkendes Mittel in der Medizin gelten. Das nach Vanille duftende Harz älterer Ölbäume wird zum Räuchern genutzt.

Das deutlich gemaserte, harte Holz wurde und wird für Tischler- und Drechselarbeiten, für die Herstellung hölzerner Ornamente und Haushaltsartikel genutzt.

Steckbrief

Wuchs: Immergrüner, kleiner bis mittelgroßer, knorriger Baum, etwa 10–12 m hoch mit stark verzweigter, aber lichter Krone. Als Nutzpflanzen werden die Bäume durch entsprechenden Schnitt in einer Höhe von 5–8 m gehalten.

Stamm: Junge Bäume haben eine graugrüne und glatte Rinde, später wird sie rissig. Stamm im Alter meist knorrig, hohl, mit Auswüchsen und Höckern oder charakteristischem Drehwuchs.

Laub: Blätter ledrig, gegenständig sitzend, kurz gestielt, ganzrandig, 3–8 cm lang, meist lanzettlich, ähnlich Weidenblättern. Blattoberseite dunkelgrün, unterseits durch den Besatz mit unzähligen silbernen Schuppen silbergrau.

Blüte: Aus den Blattachseln der vorjährigen Triebe entwickeln sich im Frühjahr kleine, traubenartige Blütenstände mit weißen oder gelblichen Blüten, die resedenartig duften.

Früchte: Steinfrucht, deren ölhaltiges Fruchtfleisch einen Steinkern umschließt, in dem sich der Samen befindet. Die Früchte variieren je nach Sorte in der Form, Größe und Farbe (grün, weiß, rötlich, violett und schwarz). Die Reifezeit beträgt 4–6 Monate. Die meisten Sorten sind selbstfruchtend, andere benötigen einen Partner zur Bestäubung, der aber nicht von derselben Sorte sein darf. Hinsichtlich der Nutzung der Früchte ist zwischen den kleineren und festeren Ölοliven und den fleischigeren, aber ölärmeren Speiseoliven (Tafeloliven) zu unterscheiden.

Herkunft: Die Wildform des Kultur-Ölbaumes („Oleaster", *Olea europaea* subsp. *sylvestris*) entstammt vermutlich dem östlichen Mittelmeergebiet (Griechenland, Vorderasien und Ägypten). Die Hauptanbauländer sind Spanien, Italien, die

Neben dieser örtlichen Vertrautheit des Christus mit dem Berg der Ölbäume steht aber auch sein Name mit dem Öl in einer wunderbaren Beziehung. Denn „Christos“ ist der von Gott mit Öl Gesalbte (gr. chriein = salben).

Bäume mit biblischem Alter

Es gibt nur wenige Pflanzen, die ein solch hohes Alter wie der Ölbaum erreichen. Die im Garten zu Getsemani stehenden Ölbäume sollen schon zu Zeiten Christi gestanden haben.
„Wer einen Ölbaum pflanzt, setzt ihn für seine Kinder und Enkel“, sagen die Juden. „Er setzt einen Keim für die Zukunft im Vertrauen auf weite Zeiträume. Keine Rede von zinsträchtigem Einsatz, der die eigenen Taschen füllt. Wer einen Ölbaum pflanzt, sieht von sich ab und richtet den Blick auf die Nachkommen. Er hat Sinn für das Kommende.“

Dass man gärtnerisch auch schon zu Zeiten Christi sehr weit war und die Veredlung von Bäumen damals schon gang und gebe war, macht das so genannte „Bild vom Ölbaum“ deutlich.

Wenn aber einige Zweige herausgebrochen wurden und wenn du als Zweig vom wilden Ölbaum in den edlen Ölbaum eingepfropft wurdest und damit Anteil erhieltest an der Kraft seiner Wurzel, so erhebe dich nicht über die anderen Zweige.
Römerbrief 11,17–18

Der Ölbaum in anderen Kulturkreisen

Viele Kulturen beanspruchen den Ölbaum für sich. Der Sage nach entstand der Ölbaum auf der athenischen Akropolis

Der knorrige, oft einzeln stehende Ölbaum ist ein typisches Kennzeichen der palästinensischen Landschaft.

Öl- oder Olivenbaum

Olea europaea

Der Ölbaum ist einer der bedeutungsvollsten und symbolträchtigsten Pflanzen der Bibel. Seit Beginn der Menschheitsgeschichte symbolisiert der Ölbaumzweig Frieden und bedeutet neues Leben und Hoffnung, wie es in der Geschichte der Sintflut treffend zum Ausdruck kommt.

Der Ölbaum ist in vielen Kulturkreisen von großer Bedeutung (Unsigniertes Aquarell, Zuschreibung Albrecht Meyer, zwischen 1538 und 1548. Bildarchiv Österreichische Nationalbibliothek Wien).

> *Gegen Abend kam die Taube zu ihm zurück, und siehe da: In ihrem Schnabel hatte sie einen frischen Olivenzweig. Jetzt wusste Noah, dass nur noch wenig Wasser auf der Erde stand.*
>
> 1. Buch Mose (Genesis) 8,11

An anderer Stelle wird in der Bibel die Rechtschaffenheit des Einzelnen wie die des ganzen Volkes Israel mit diesem immergrünen Baum bildhaft verglichen.

> *Wenn du einen Ölbaum abgeklopft hast, sollst du nicht auch noch die Zweige absuchen. Was noch hängt, soll den Waisen und Witwen gehören. Denk daran: Du bist in Ägypten Sklave gewesen.*
>
> 5. Buch Mose (Deuteronomium) 24,20 und 22

Von besonderer Reinheit musste das Öl sein, das die Israeliten zur Beleuchtung verwendeten.

> *Du aber befiehl den Israeliten, dass sie dir reines Öl aus gestoßenen Oliven für den Leuchter liefern, damit immer Licht brennt.*
>
> 2. Buch Mose (Exodus) 27,20

Der siebenarmige Leuchter, die Menora, stand sowohl im Stiftszelt als auch später im Tempel. Der Leuchter wurde zum jüdischen Symbol und ist seit 1948 offizielles Emblem des Staates Israel.

Im Leben und Wirken Jesu Christi spielt der Ölbaum eine zentrale Rolle. Auf dem Ölberg pflegte sich Christus mit seinen Jüngern zu versammeln. Dort gab er ihnen Unterweisungen, dort zog er sich „nach seiner Gewohnheit" zurück zum Gebet, dort hat ihn der Verräter schließlich geküsst.

Am Fuße des Ölbergs befindet sich der Ölbaumgarten Getsemani, der nach einer ehemaligen Ölpresse benannt ist (hebr. Gat-Shamium = Ölpresse). An diesem Ort kniete Christus in der Nacht vor seiner Gefangennahme nieder (Lukas 22,39).

Die „sieben Arten“

Vierzig Jahre lang wanderten die Kinder Israels durch die Wüste auf der Suche nach dem Gelobten Land. Die Wüste ist öde und trocken, ein Land ohne Wasser und ohne Vegetation. Im Gelobten Land jedoch, im Land Kanaan, gibt es fruchtbare Böden und sprudelnde Quellen. Es ist ein regenreiches Land mit unterirdischen Wasservorkommen, das Land der „sieben Arten“: Weizen, Gerste, Wein, Feige, Granatapfel, Olive und Dattel.

Wenn der Herr, dein Gott, dich in ein prächtiges Land führt, ein Land mit Bächen, Quellen und Grundwasser, das im Tal und am Berg hervorquillt, ein Land mit Weizen und Gerste, mit Weinstock, Feigenbaum und Granatbaum, ein Land mit Ölbaum und Honig, ein Land, in dem du nicht armselig dein Brot essen musst, in dem es dir an nichts fehlt, ... dann nimm dich in acht und vergiss den Herrn, deinen Gott, nicht.

5. Buch Mose (Deuteronomium) 8,7–11

Diese „sieben Arten“ waren in biblischer Zeit wichtige landwirtschaftliche Produkte und galten als Ausdruck des Segens Gottes. Eine Bibelstelle verdeutlicht dies in besonderer Weise.

Wenn ihr nach meinen Satzungen handelt, auf meine Gebote achtet und sie befolgt, so gebe ich euch Regen zur rechten Zeit; die Erde liefert ihren Ertrag, und der Baum des Feldes gibt seine Früchte, die Dreschzeit reicht bei euch bis zur Weinlese und die Weinlese bis zur Aussaat. Ihr esst euch satt an eurem Brot und wohnt in eurem Land in Sicherheit.

3. Buch Mose (Levitikus) 26,3–5

der gleichen Umgebung lebten, wie beispielsweise Sumpf, Wiese, Feld und Wüste, wurden in Gruppen zusammengefasst und erhielten Sammelnamen. Besonders gute Beispiele hierfür sind die „Blumen des Feldes“ und die „Dornen“.

Einige hebräische Pflanzennamen sind zweifelsfrei mehrdeutig, d. h. sie bezeichnen mehr als nur eine Art. Das wird am deutlichsten an der Verwendung von *erez* (Zeder) für die echte Zeder, die Tanne, die Tamariske und wahrscheinlich auch für den Wacholder. Vergleichsweise einfach ist dagegen die Identifizierung von Kultur- und Ackerpflanzen. Problematisch hingegen ist die Identifizierung von einigen Arznei- und Heilpflanzen sowie die von Lieferanten aromatischer Öle, Duftstoffe und Balsame.

Als Grundlage für die Benennung der Pflanzen in diesem Buch dient „Die Bibel“ (Einheitsübersetzung der Heiligen Schrift. Verlag Katholisches Bibelwerk, Stuttgart 2001) sowie das Buch „Pflanzen der Bibel“ von Professor Michael Zohary (siehe Literaturhinweise S. 127).

Zur Pflanzenauswahl

Nicht alle Pflanzen der Bibel können in diesem Buch berücksichtigt werden. Nicht zuletzt aus Gründen des Umfangs musste eine Auswahl getroffen werden. Wir haben uns bei der Auswahl der Pflanzen zum einen von der Attraktivität der Pflanze als Nutz- und Zierpflanze und zum anderen von ihrer Bedeutung in der Heiligen Schrift leiten lassen.

Die „Blumen des Feldes“ – hier Klatsch-Mohn – beleben Landschaften und alte Gemäuer.

Kübelpflanzen

Das sind mehrjährige, bei uns nicht winterharte Gehölze und Stauden, die in unseren Breiten als so genannte Kübelpflanzen zu verwenden sind. Sie können entweder ganzjährig in Wintergärten gehalten werden oder als klassische Kübelpflanzen den Sommer über den Balkon, die Terrasse, den Innenhof, den Hauseingang oder auch den Garten schmücken. Im Winter benötigen sie einen frostfreien, hellen Standort im Haus oder Gewächshaus. Die Temperaturen sollten dabei 10 °C möglichst auf Dauer nicht überschreiten. Dabei gilt: je heller der Standort, umso wärmer kann es auch im Überwinterungsquartier sein. In Wintergärten sollten die Temperaturen auf Dauer 15 °C nicht überschreiten und 5 °C möglichst nicht unterschreiten. Die Kältetoleranzgrenze dieser Pflanzen liegt in der Regel bei 0 °C.

Ein Teil der Arten, wie Ölbaum, Zypresse, Mastixstrauch und Kermeseiche, lässt sich über mehrere Jahre auch in Topfpflanzengröße und somit als Zimmerpflanze für das Fensterbrett halten. Auch eine Verwendung als Bonsai ist bei diesen und anderen holzigen Arten möglich.

Frostharte Arten

Einige wenige der in der Bibel genannten Arten sind bei uns winterhart und können in unseren Gärten frei ausgepflanzt werden oder auch in größeren Kübeln gehalten werden. Bei diesen „Kübelpflanzen" muss darauf geachtet werden, dass der Wurzelballen auf Dauer nicht durchfriert.

Einjährige Pflanzen, Sommerblumen

Ein Teil der in der Bibel erwähnten Pflanzen ist einjährig, die deshalb jährlich neu herangezogen werden müssen. In diese Gruppe werden hier auch Arten einbezogen, die natürlicherweise mehrjährig sind, aber auch einjährig gezogen werden können, da sie schon im ersten Jahr blühen und fruchten und diesbezüglich eine vollständig abgeschlossene Entwicklung durchlaufen.

Bei diesen „Einjährigen" handelt es sich um Arten, die als Sommerblumen auf bunten Rabatten im Garten oder auf dem Kräuterbeet verwendet werden können. Für die Mehrzahl der Arten ist auch eine Topfkultur möglich.

Pflanzen der Bibel im Portrait

Mit etwa 2500 Pflanzenarten ist die Flora von Israel bzw. des Heiligen Landes außerordentlich vielfältig. Angesichts der Größe des Landes, das darüber hinaus etwa zur Hälfte aus Wüste besteht, ist das eine sehr hohe Zahl. In der Bibel werden etwa 110 Arten erwähnt, einige Pflanzen über hundertmal, andere seltener oder gar nur einmal. Wir stellen Ihnen eine Auswahl der interessantesten Vertreter vor.

Nicht alle diese Pflanzen sind im Heiligen Land ursprünglich heimisch gewesen. Einige stammen aus anderen Ländern und wurden im Land der Bibel als Kulturpflanzen domestiziert. Andere waren weder in den Ländern der Bibel heimisch noch wurden sie dort kultiviert, sondern wurden als Produkte – meist waren es Heilmittel oder Gewürze (beispielsweise Narde, Myrrhe, Galbanum, Zimt, Sandelholz) – über verschiedene Handelswege in das Heilige Land eingeführt.

Zahlreiche Botaniker, Sprachwissenschaftler und Theologen haben sich im Laufe der Jahrhunderte um die eindeutige Identifizierung der im Alten und Neuen Testament erwähnten Pflanzen bemüht. Dass es dabei zwangsläufig zu voneinander abweichenden Meinungen kommen musste, ist verständlich. Die Schwierigkeiten bei der Identifizierung der biblischen Pflanzen haben verschiedene Gründe. Zum einen sind viele der in der Bibel erwähnten Pflanzen vorbiblischem Volkstum und Sprachschatz zuzurechnen, zum anderen ist die Bezeichnung nicht immer eindeutig, weil sich die Namen teilweise auf Redewendungen und einen mehr symbolischen Gebrauch stützen. Viele Pflanzen, die in

Feigen in anderen Kulturkreisen

Die Esels-Feige war eine der heiligen Bäume der Araber und Ägypter. Sykomorenzweige wurden den Toten beigegeben – sie symbolisierten das Leben und die Göttin Isis.

Die Wildformen der Echten Feige stammen vermutlich aus Vorderasien, wo sie von den Assyrern vor 5000 Jahren in Kultur genommen wurden. Von dort hatte sich ihre Kultur sehr frühzeitig auf die Länder des Mittelmeerraumes verbreitet. In zahlreichen historischen Schriften ist sie als eine der ältesten Obstbäume beschrieben und die große Bedeutung ihrer essbaren Früchte herausgestellt worden. Auf Kreta waren Feigen bereits um 1600 v. Chr., in Griechenland seit dem 9. Jahrhundert v. Chr. bekannt, wo sie schon bald zum Volksnahrungsmittel wurden. Anbau und Export wurden gesetzlich geregelt und von „Sykophanten" (Feigenanzeigern) überwacht.

Im Zuge der Auswanderung und Besiedlung durch die Spanier gelangte die Frucht im 16. Jahrhundert nach Amerika. Heute findet man Feigenbäume in nahezu allen Ländern des subtropischen, in höheren Lagen des tropischen Bereiches sowie in den wintermilden Gebieten der gemäßigten Klimaregionen, geographisch etwa zwischen dem 20. und 45. Breitengrad beider Hemisphären.

Das Holz der Feige ist weich und hat ein geringes spezifisches Gewicht. Es wurde früher für leichtere Decken- und Dachkonstruktionen und zu Drechsler- und Tischlerarbeiten verwendet.

Der Name der Feige

Der römische Name „Fico" (= Feige) soll von dem hebräischen „feg" kommen. „Carica" weist auf Karien (lat. Caria, pers. Karka) hin, einer von den Karern bewohnten antiken Landschaft im Südwesten Kleinasiens.

Steckbrief der Echten Feige

Wuchs: Feigenbäume werden bei optimalen Boden- und Feuchtigkeitsverhältnissen bis zu 10 m hoch. Auf felsigen, kargen Böden und bei Wassermangel findet man sie als niedrige Sträucher mit knorrigen, schlangenartig verbogenen Zweigen. Unter ständig warmen Klimabedingungen können die normalerweise Laub abwerfenden Feigen immergrün sein.

Stamm: Die Rinde der Äste ist auffallend hellgrau und glatt.

Laub: Blätter lang gestielt, von handflächengroß bis über 20 cm breit, fast ganzrandig oder breitoval bis extrem tief gelappt, meist fünf-, aber auch drei-, sieben- oder neunlappig.

Blüte: Blüten klein, in großer Anzahl in einem urnenförmig gestalteten, am Ende mit einer kleinen Öffnung versehenen, fleischigen Blütenstand, aus dem sich die birnen- oder kugelförmige Feige als Scheinfrucht mit zahlreichen kleinen Samen (Steinfrüchten) entwickelt.

Früchte: Einzeln oder paarig in den Blattachseln der Jahrestriebe oder am vorjährigen Holz. In einem Jahr können mehrere Blüten- und Fruchtgenerationen hervorgebracht werden, sodass sich zugleich reife und unreife Feigen am Baum befinden.

Verwendung der Früchte: Feigenfrüchte sind infolge ihres Wohlgeschmacks, ihres hohen Anteils an Zucker und Vitamin B1 sowie ihrer mineralischen Inhaltsstoffe (Calcium, Phosphor, Eisen) ein hochwertiges Nahrungsmittel. Sie bilden seit Jahrhunderten frisch, als Konserve, getrocknet oder in kleine Kuchen gepresst eine beliebte Delikatesse. Geröstete Feigen werden zu „Karlsbader Feigenkaffee" verarbeitet. Aus gegorenen Feigen wird in Kleinasien Alkohol destilliert, Feigenwein ist ein orientalisches Getränk.

Herkunft: Die Wildform stammt vermutlich aus Südarabien. Von dort hat sich die Feigenkultur sehr frühzeitig auf die Länder des Mittelmeerraumes verbreitet.

Feigenbäume eignen sich hervorragend für kalte Wintergärten.

Unter einem Feigenbaum zu sitzen, ist Zeichen des Glücks und der Zufriedenheit. Der Feigenbaum gilt auch als Symbol des Friedens. In der ehemaligen DDR gab in den 1980er-Jahren das folgende Bild der kirchlichen Friedensbewegung das Symbol zum Zeichen ihrer Auseinandersetzung mit der Staatsmacht.

Er spricht Recht im Streit vieler Völker, er weist mächtige Nationen zurecht. Dann schmieden sie Pflugscharen aus ihren Schwertern und Winzermesser aus ihren Lanzen. Man zieht nicht mehr das Schwert, Volk gegen Volk, und übt nicht mehr für den Krieg. Jeder sitzt unter seinem Weinstock und unter seinem Feigenbaum.

Micha 4,3–4

Im Gegensatz zur Echten Feige, die kaum über 5 m hoch wird, ist die Maulbeer-Feige ein großer Baum, der eine Höhe von 10–15 m erreicht und eine Krone mit einem Umfang von 20–25 m ausbildet. Dass es sich um einen größeren Baum handeln muss, macht eine Bibelstelle bei Lukas deutlich, wo Jesus in das Haus des Zöllners Zachäus einkehrte:

Darum lief er voraus und stieg auf einen Maulbeerfeigenbaum, um Jesu zu sehen, der dort vorbeikommen musste.

Lukas 19,4

Feigen sind frisch eine ganz besonders wohlschmeckende Delikatesse.

Feigen fruchten sowohl an diesjährigen als auch an Trieben, die bereits im Vorjahr gebildet wurden.

Die Vielfalt der Feigen

- **Echte Feige (*Ficus carica*)**
- **Esels- oder Maulbeer-Feige (*Ficus sycomorus*)**

Die Feigen sind eine mehrere hundert Arten umfassende Gattung immer- oder sommergrüner, Milchsaft führender Bäume, Sträucher, Lianen oder Epiphyten. Die Mehrzahl der Arten ist in den Tropen Asiens zu Hause. Darunter sind viele bekannte Zimmerpflanzen, wie beispielsweise die Birkenfeige (*F. benjamina*) oder der Gummibaum (*F. elastica*). Die Echte Feige (*F. carica*), die des Öfteren in der Bibel erwähnt wird, ist die einzige Art, die wegen ihrer wohl schmeckenden Früchte in großem Umfang seit Alters her erwerbsmäßig angebaut wird. Die zweite in der Bibel erwähnte Art, die Esels- oder Maulbeer-Feige (*F. sycomorus*) hat als Nutzpflanze keine große Bedeutung.

Feigen in der Bibel

Die Feige ist die erste namentlich genannte Pflanze in der Bibel. Es ist die Stelle mit dem Feigenblatt, die im Zusammenhang mit dem Auszug Adams und Evas aus dem Paradies steht.

Da sah die Frau, dass es köstlich wäre, von dem Baum zu essen, dass der Baum eine Augenweide war und dazu verlockte, klug zu werden. Sie nahm von seinen Früchten und aß; sie gab auch ihrem Mann, der bei ihr war, und auch er aß. Da gingen beiden die Augen auf, und sie erkannten, dass sie nackt waren. Sie hefteten Feigenblätter zusammen und machten sich einen Schurz.

1. Buch Mose (Genesis) 3,6–7

Der Feigenbaum wird in verschiedenen Gleichnissen als Symbol herangezogen. Matthäus verwendet ihn in seinen Mahnungen im Hinblick auf das Ende:

Lernt etwas aus dem Vergleich mit dem Feigenbaum! Sobald seine Zweige saftig werden und Blätter treiben, wisst ihr, dass der Sommer nahe ist. Genauso sollt ihr erkennen, wenn ihr das alles seht, dass das Ende vor der Tür steht.

Matthäus 24,32–33

Bei Lukas heißt es im Gleichnis „Mahnung zur Umkehr“:

Ein Mann hatte in seinem Weinberg einen Feigenbaum; und als er kam und nachsah, ob er Früchte trug, fand er keine. Da sagte er zu seinem Weingärtner: Jetzt komme ich schon drei Jahre und sehe nach, ob dieser Feigenbaum Früchte trägt, und finde nichts. Hau ihn um! Was soll er weiter dem Boden seine Kraft nehmen? Der Weingärtner erwiderte: Herr, lass ihn dieses Jahr noch stehen; ich will den Boden herum aufgraben und düngen. Vielleicht trägt er doch noch Früchte; wenn nicht, dann lass ihn umhauen.

Lukas 13,6–9

Türkei und Griechenland. Außerhalb Europas werden Oliven vor allem in Nordafrika, Israel, Mexiko, Kalifornien, Südafrika und Australien angebaut.

Kultur- und Pflegehinweise

Verwendung: Als Kübelpflanze für Balkon und Terrasse, für Wintergärten und zur Innenraumbegrünung, entsprechend geschnitten auch als kleinere Topfpflanze auf dem Fensterbrett. Aufgrund der kleinen Blätter und der guten Schnittverträglichkeit auch als Bonsai zu verwenden.

Verfügbarkeit im Handel: Das Angebot von Olivenbäumen im Blumenhandel vor Ort ist recht gut. Neben Topfpflanzengrößen sind meist größere Kübelpflanzen im Angebot. Bonsais werden selten angeboten.

Standort im Sommer: Oliven gehören an den sonnigsten Platz, den man zur Verfügung stellen kann.

Standort im Winter: Da Ölbäume immergrün sind, verlangen sie auch im Winter einen möglichst hellen Platz. Temperaturen zwischen 5 und 10 °C sind in dieser Zeit optimal. In Wintergärten können die Pflanzen auch bei Temperaturen bis 15 °C stehen.

Gießen: Relativ trockenresistent. Trotzdem ist gleichmäßiges Gießen angebracht, weil bei Ballentrockenheit ein Teil des Laubes abgeworfen wird. Staunässe ist tödlich für Ölbäume, deshalb muss überschüssiges Wasser abfließen können. Erden mit hohem Porenvolumen verwenden.

Düngen: Während der Wachstumszeit ist von März bis Ende August regelmäßig zu düngen.

Krankheiten und Schädlinge: Schädlingsbefall ist selten, auf Woll- und Schildläuse und im Frühjahr auf Blattläuse an den Jungtrieben achten.

Als dekorative Kübelpflanze liebt *Olea europaea* sonnige Standorte.

Die leuchtend roten Blüten des Granatapfels versinnbildlichen im Hohelied das Erwachen der Natur.

Die Früchte fanden auch zum Schmücken der Kleidung der damaligen Priester Verwendung.

> *An seinem unteren Saum mach Granatäpfel aus violettem und rotem Purpur und aus Karmesin, an seinem Saum ringsum, und dazwischen goldene Glöckchen: ein Goldglöckchen und ein Granatapfel abwechselnd ringsum am Saum des Mantels.*
>
> 2. Buch Mose (Exodus) 28,33–34

Der Granatapfel in anderen Kulturkreisen

Der botanische Name *Punica* erinnert daran, dass die Pflanze im ehemaligen Punien, dem heutigen Tunesien, sehr häufig vorkam. Nach Plinius wachsen die besten Granatäpfel (*punica mala* = punischer Apfel) bei Karthago (Punien); auch Ovid nennt den Granatapfel *pomum punicum* (= punischer Apfel).

Bei den Ägyptern war der Granatapfel schon lange vor Christus als Kulturpflanze bekannt. Die älteste Erwähnung bezieht sich auf die Wand der Grabkammer des Schreibers

Gefährlicher sind Pilze (*Verticillium*), die in die Gefäßbahnen eindringen, sowie die Rotpustelkrankheit (*Nectria*). Befallene Pflanzen sind kräftig bis ins gesunde Holz zurückzuschneiden.

Granatapfel (*Punica granatum* L.) aus dem Codex 11 122, Band 2(3), 141. Unsigniertes Aquarell, Zuschreibung Albrecht Meyer, zwischen 1538 und 1548. Bildarchiv Österreichische Nationalbibliothek Wien.

Granatapfel

Punica granatum

Der Granatapfel ist mit seiner leuchtend roten Blütenpracht und seinen ansehnlichen Früchten ein besonderer Farbtupfer unter den Pflanzen der Bibel. Kein Wunder, dass eine so schöne und darüber hinaus auch nützliche Pflanze mehr als zwanzig Mal in der Bibel erwähnt wird.

Der Granatapfel war eine der Früchte des verheißenen Landes. Neben Weintrauben und Feigen brachten die Kundschafter, die Mose ausgesandt hatte um für die Israeliten das gelobte Land zu erkunden, Granatäpfel mit.

Dort schnitten sie eine Rebe mit einer Weintraube ab und trugen sie zu zweit auf einer Stange, dazu auch einige Granatäpfel und Feigen.

4. Buch Mose (Numeri) 13,23

In der Bildsprache des Hohenliedes Salomos werden dem Granatapfel in zahlreichen Umschreibungen Loblieder gesungen. Seine Form wird mit der Schönheit der Frau verglichen, sein Samenreichtum symbolisiert Fruchtbarkeit. Sein köstlicher roter Saft ist der Nektar der Liebenden, und der Duft seiner vielen Blüten ist der Inbegriff des erwachenden Frühlings in seiner Lieblichkeit.

Rote Bänder sind deine Lippen; lieblich ist dein Mund. Dem Riss eines Granatapfels gleicht deine Schläfe hinter dem Schleier.

Hohelied 4,3

Geblieben ist aus salomonischer Zeit bis heute die Beliebtheit der Grenadine, des Granatapfelmosts.

Führen wollte ich dich, in das Haus meiner Mutter dich bringen, die mich erzogen hat. Würzwein gäbe ich dir zu trinken, Granatapfelmost.

Hohelied 8,2

Steckbrief der Maulbeer- oder Esels-Feige

Wuchs: Großer Baum, 10–15 m hoch werdend mit einem Kronendurchmesser von 20–25 m. Immergrün, wirft aber bei Trockenheit, Kälteeinbrüchen oder sonstigem Stress das Laub ab.
Stamm: Der Stamm kann einen Durchmesser von bis zu 2 m erreichen. Rinde gelbbraun, bei älteren Pflanzen in großen Platten ablösend.
Laub: Blätter breit-eiförmig, bis zu 15 cm lang und 13 cm breit, Blattspitze abgerundet, Basis herzförmig, oben tiefgrün, glänzend und kahl, unten ganz fein behaart. Blattrand mehr oder weniger wellig ausgebildet.
Blüte: Die Blüten- bzw. Fruchtstände entwickeln sich am Stamm oder an den älteren Ästen.
Früchte: Die in Massen gebildeten, bis zu 2,5 cm langen „Feigen" waren in früheren Zeiten ein wichtiges Nahrungsmittel. Ihre weitere Selektion unterblieb aber, nachdem die Völker des Orients die qualitativ bessere *F. carica* kennengelernt hatten.
Herkunft: Ursprünglich aus Äthiopien und Zentralafrika stammend, schon in biblischer Zeit in Ägypten, Syrien und Arabien angepflanzt.

Esels-Feigen sind im Gegensatz zu den Echten Feigen stattliche Bäume.

Kultur- und Pflegehinweise

Verwendung: Beide Feigen als Kübelpflanze für Terrasse, Balkon und kühle Wintergärten. Im Weinbauklima mehr oder weniger winterhart. Als Topfpflanzen für das Fensterbrett nur kurze Zeit verwendbar.
Verfügbarkeit im Handel: Pflanzen in verschiedenen Größen werden regelmäßig in den Frühjahrsmonaten in Gärtnereien und Gartencentern angeboten. In der Regel handelt es sich dabei um die Sorte 'Violetta', die schon als junge Pflanze reich fruchtet und als besonders kälteverträglich gilt. Nicht im Angebot ist die Maulbeerfeige (*F. sycomorus*). Hier könnte eine Anfrage nach Vermehrungsmaterial beim nächst gelegenen Botanischen Garten helfen.
Standort im Sommer: Sonnig und warm.
Standort im Winter: Da Laub abwerfend, kann die Überwinterung auch bei wenig Licht erfolgen. Im Frühjahr rechtzeitig hell stellen. Bei dunkler Überwinterung Temperaturen nicht über 10 °C, im Wintergarten auch bis zu 18 °C.
Gießen: Im Sommer hoher Wasserbedarf. Im laublosen Zustand nur sporadisch gießen. Staunässe vertragen Feigen nicht. Strukturstabile Substrate verwenden.
Düngen: Mit Beginn des Austriebs bis Ende August.
Krankheiten und Schädlinge: Mit Ausnahme von Spinnmilben haben tierische Schädlinge keine große Bedeutung.

Früchte Gott zu opfern (5. Buch Mose (Deuteronomium) 26,2). Das dritte Fest, das Laubhüttenfest, wird im Herbst begangen beim Einbringen der Ernte und wenn der jahreszeitliche Kreis von Saat und Ernte sich schließt (2. Buch Mose (Exodus) 34,22, siehe auch Seite 42 ff.).

Nicht verwunderlich ist, dass viele religiöse Gesetze die Landwirtschaft und ihre Erzeugnisse zum Inhalt hatten. So mussten beispielsweise während der Erntezeit umgefallene Garben für die Armen auf dem Felde zurückgelassen werden. Andere, mehr ökologische Vorschriften verboten die Ernte von Früchten innerhalb der ersten drei Jahre nach der Anpflanzung und die Kreuzung verschiedener Arten. Auch wurde alle sieben Jahre ein Sabbatjahr festgelegt, in dem der Anbau verboten war, damit der natürliche Ertrag Jedem zur Verfügung stand und sich das Land erholen konnte, wie es im 3. Buch Mose niedergeschrieben ist:

Rede zu den Israeliten und sag zu ihnen: Wenn ihr in das Land kommt, das ich euch gebe, soll das Land Sabbatruhe zur Ehre des Herrn halten. Sechs Jahre sollst du dein Feld besäen, sechs Jahre sollst du deinen Weinberg beschneiden und seinen Ertrag ernten. Aber im siebten Jahr soll das Land eine vollständige Sabbatruhe zur Ehre des Herrn halten: Dein Feld sollst du nicht besäen und deinen Weinberg nicht beschneiden.

3. Buch Mose (Levitikus) 25,2–4

Pflanzen der Bibel für Haus und Garten

Auch bei uns können die Pflanzen der Bibel als Zierpflanzen gezogen werden, als Kübelpflanzen oder im Freien ausgepflanzt.

Zahlreiche Friedhöfe in Südeuropa sind durch die schlanken Gestalten der Zypressen geprägt, die im Gebirge Juda einst weit verbreitet waren.

Zahllose Anspielungen, Gleichnis- und Bildworte in der Bibel zeugen davon, welchen Rang die Pflanzen im Alltag des Volkes Israel einnahmen und wie eng die biblischen Völker mit der Natur verbunden waren. Ein besonders ausdrucksvolles Beispiel hierfür ist die weise Parabel Jotams in der Fabel vom König der Bäume:

Als man das Jotam meldete, stellte er sich auf den Gipfel des Berges Garizim und rief ihnen mit erhobener Stimme zu: Hört auf mich, ihr Bürger von Sichem, damit Gott auf euch hört. Einst machten sich die Bäume auf, um sich einen König zu salben, und sie sagten zum Ölbaum: Sei du unser König! Der Ölbaum sagte zu ihnen: Soll ich mein Fett aufgeben, mit dem man Götter und Menschen ehrt, und hingehen, um über den anderen Bäumen zu schwanken? Da sagten die Bäume zum Feigenbaum: Komm, sei du unser König! Der Feigenbaum sagte zu ihnen: Soll ich meine Süßigkeit aufgeben und meine guten Früchte und hingehen, um über den anderen Bäumen zu schwanken? Da sagten die Bäume zum Weinstock: Komm, sei du unser König! Der Weinstock sagte zu ihnen: Soll ich meinen Most aufgeben, der Götter und Menschen erfreut, und hingehen, um über den anderen Bäumen zu schwanken? Da sagten alle Bäume zum Dornenstrauch: Komm, sei du unser König! Der Dornenstrauch sagte zu den Bäumen: Wollt ihr mich wirklich zu eurem König salben? Kommt, findet Schutz in meinem Schatten! Wenn aber nicht, dann soll vom Dornenstrauch Feuer ausgehen und die Zedern des Libanon fressen.

Richter 9,7–15

Wichtige biblische Ereignisse sind mit Pflanzen eng verbunden. Ob es nun die Auferstehung im Garten mit dem leeren Grab, die Todesangst Jesu im Ölgarten oder aber gleich am Anfang der Bibel die Erschaffung des Menschen im Paradiesgarten ist:

Die heilige Stadt Jerusalem,
hoch oben im Bergland von Juda gelegen.

Dann legte Gott, der Herr, in Eden, im Osten, einen Garten an und setzte dorthin den Menschen, den er geformt hatte. Gott, der Herr, ließ aus dem Ackerboden allerlei Bäume wachsen, verlockend anzusehen und mit köstlichen Früchten, in der Mitte des Gartens aber den Baum des Lebens und den Baum der Erkenntnis von Gut und Böse.

1. Buch Mose (Genesis) 2,8–9

Die Feige ist die erste namentlich genannte Pflanze in der Bibel.

Frieden und Wohlergehen fanden Ausdruck in der Beschreibung malerisch friedlicher Szenen mit Pflanzen, wie im Buch Micha:

Jeder sitzt unter seinem Weinstock und unter seinem Feigenbaum und niemand schreckt ihn auf.

Micha 4,4

Ein besonders köstliches Spiegelbild der Pflanzenwelt Palästinas ist das Hohelied, aus dem noch mehrfach zu zitieren sein wird. Das Hohelied, das von überschäumendem Gefühl geprägt ist, preist den Duft und die Schönheit der bezaubernden Lilien, Rosen und Narzissen, es redet von aus Pflanzen gewonnenen Balsamen und Parfümen, von Äpfeln und Granaten, Feigenbäumen und Dattelpalmen, Zedern und Zypressen, Weinbergen und Nussgärten.

Für die Erwähnung von Pflanzen in der Bibel sind die drei großen Feste, die sich an bestimmten Ereignissen im Ablauf des landwirtschaftlichen Lebens orientieren, von besonderer Bedeutung. Das Passafest liegt im Frühling, wenn die Gerste zu reifen beginnt und die ersten Garben als Opfer dargebracht werden sollen (3. Buch Mose (Levitikus) 23,10). Pfingsten, das „Erntefest“, wird am Sommeranfang zur Zeit der Weizenernte gefeiert. An ihm sind die Erstlinge aller

Die wichtigsten Feldfrüchte in biblischer Zeit waren Hartweizen und Gerste, die Ernte fällt in die Monate Juni und Juli.

Zur Essenszeit sagte Boas zu ihr: Komm und iss von dem Brot, tauch deinen Bissen in die Würztunke! Sie setzte sich neben die Schnitter. Er reichte ihr geröstete Körner und sie aß sich satt und behielt noch übrig.

Rut 2,14

Hiram, der König von Tyros, wird für das Holz, das er für den Tempelbau lieferte, von Salomo mit Weizen entlohnt.

Also lieferte Hiram so viel Zedern- und Zypressenholz, wie Salomo wollte, und Salomo gab Hiram zwanzigtausend Kor Weizen zum Unterhalt seines Hofes und zwanzig Kor feinstes Öl.

1. Buch der Könige 5,24–25

Bei der wunderbaren Brotvermehrung bringt ein kleiner Junge fünf Gerstenbrote zu Jesus.

Als die Menge satt war, sagte er zu seinen Jüngern: Sammelt die übriggebliebenen Brotstücke, damit nichts verdirbt. Sie sammelten und füllten zwölf Körbe mit den Stücken, die von den fünf Gerstenbroten nach dem Essen übrig waren.

Johannes 6,12–13

Die Gerste war das Brot der Armen und wurde als weniger wertvoll als Weizen angesehen, wie die Offenbarung des Johannes bezeugt.

tern (Wedel) gebildet wird. Lebensdauer der Wedel je nach den Standortbedingungen 3–7 Jahre. Wuchshöhe 10–30 m.
Laub: Die bis zu 40 cm langen und 6 cm breiten Fiedern sind zweizeilig an den Wedeln angeordnet. Zur Blattstielbasis hin nehmen sie häufig die Form von Stacheln an. Die jungen stark gefalteten Wedel sehen wie ein Stab aus. Sie sind ein Teil des Feststraußes (Lulab), der im Zusammenhang mit dem Laubhüttenfest von Bedeutung ist (siehe Seite 42 f.).
Blüte: Zweihäusig. Die wenig attraktiven Blüten stehen dicht gedrängt an den Achsen der Blütenstände.
Früchte: Fleischige Beeren, die einen tief gefurchten, steinharten Samen umschließen, und sich nach der Bestäubung in einem Zeitraum von sechs Monaten entwickeln.
Verwendung der Früchte: Nach Europa gelangen im Allgemeinen sehr zuckerreiche Datteln. Doch spielen in den Anbaugebieten solche Formen eine noch größere Rolle, bei denen in der Fruchtwand auch Stärke abgelagert wird. Diese Stärkedatteln sind in getrocknetem Zustand sehr lange haltbar und stellen in gepresstem Zustand das so genannte „Dattelbrot" dar. Datteln werden auch zur Herstellung eines Sirups verwendet, der fälschlich als „Dattelhonig" bezeichnet wird. Aus ihm lässt sich Zucker und unter Vergären Arrak gewinnen.
Herkunft: Die Dattelpalme ist etwa 3000 v. Chr. in Mesopotamien (Gebiet des heutigen Irak) kultiviert worden. Als Ursprung der Kultur werden Nordafrika oder der Nahe Osten angenommen. Etwa zwei Drittel der heutigen Datteln werden im Nahen Osten erzeugt. Weitere Anbaugebiete findet man in Nord- und Zentralamerika sowie in Asien, dort vor allem in Pakistan.

Kultur- und Pflegehinweise

Verwendung: Die Echte Dattelpalme (*Phoenix dactylifera*) sowie die nah verwandte Kanarische Dattelpalme (*Phoenix canariensis*) sind majestätische Pflanzen für Terrasse und Wintergarten, die auf Dauer viel Raum benötigen.
Verfügbarkeit im Handel: Die Echte Dattelpalme wird nur gelegentlich im Handel angeboten. Alternativ sollte man auf die optisch ähnliche Kanarische Dattelpalme zurückgreifen, die einfach zu beschaffen ist.
Standort im Sommer: Dattelpalmen wollen mit der Krone im Feuer des Himmels stehen, so lautet ein arabisches Sprichwort. Deshalb brauchen sie zur artgerechten Entwicklung möglichst sonnige Plätze.
Standort im Winter: Für *P. canariensis* reichen im Winter 5–10 °C, *P. dactylifera* will bei mindestens 10 °C stehen.
Gießen: Im Sommer hoher Wasserbedarf, im Winter eher trocken halten.
Düngen: In der Wachstumszeit von März bis Ende September ist reichlich und regelmäßig, im Winter nur in größeren Abständen zu düngen.
Krankheiten und Schädlinge: Bei zu warmem, dunklem und wenig luftigem Standort tritt oft Pilzbefall (Blattschwielenkrankheit) auf, der an kleinen, schwarzen Höckern oder Schwielen auf den Blättern zu erkennen ist. Auf Schildläuse, Spinnmilben und Blasenfüße (Thripse) achten.

Die Feldfrüchte Weizen und Gerste

- **Zweikorn-Weizen oder Emmer (*Triticum dicoccon*)**
- **Hart- oder Durum-Weizen (*Triticum durum*)**
- **Zweizeilige Gerste (*Hordeum vulgare*-Distichon-Gruppe)**

Von den in der Bibel genannten „Früchten des Feldes" sind Weizen und Gerste die wichtigsten. Die Wichtigkeit kommt nicht zuletzt dadurch zum Ausdruck, dass bei der Aufzählung der „sieben Arten" (siehe Seite 15 ff.), mit denen das Land Israel gesegnet war, Weizen und Gerste als Erste genannt werden.

Dass Gerste und Weizen ein Hauptbestandteil der Nahrung in der damaligen Zeit waren, machen verschiedene Bibelstellen deutlich.

Boas lernt seine künftige Frau Rut auf dem Feld kennen und lädt sie dabei ein, gemeinsam mit ihm und den anderen Körner zu essen.

Phoenix canariensis, die kleinere Schwester der Dattelpalme, ist bei uns als dekorative Kübelpflanze weit verbreitet.

König Salomo verwendete Palmen und Palmzweige als Motive in Tempelreliefs und -skulpturen. Die Makkabäer benutzten die Palme als Siegessymbol auf ihren Münzen, während römische Münzen aus dem 1. Jahrhundert n. Chr. eine unter einer Palme sitzende Frau als Symbol für das unterjochte Judäa zeigen.

Es gibt praktisch nichts, was von der Dattelpalme nicht verwendet werden kann. Das Herz der Pflanze und junge Blätter werden als Palmkohl verzehrt, als Viehfutter dienen die älteren Blätter. Die gerösteten Steinkerne der Früchte können als Kaffeeersatz dienen. In den alten Kulturgebieten werden die festen Blätter zum Decken von Dächern verwendet. Die Stämme dienen als Bau- und Brennmaterial. Die aus den Blättern gewonnenen Blattstreifen und Fasern benutzt man zur Herstellung von Matten, Körben und Stricken.

Multitalent Dattel

In einem Midrasch (Bibelauslegung) vergleichen die Weisen das ganze Volk Israel mit einer Dattelpalme, von der nichts verschwendet wird: „Die Datteln sind zur Nahrung, seine Blätter (Lulavim) werden zum Segensspruch (verwendet), die Palmwedel für das Dach, die Fasern als Seile, sein Gespinst als Siebe und sein dicker Stamm als Baumaterial – ebenso ist es mit Israel, das keinen Abfall hat.“ (Bereschit Rabba 41)

Steckbrief

Wuchs: Stamm rau, blattnarbig, mit weit ausladender Blattkrone, die von 60–150 gefiederten, 3–6 m langen Blät-

Die Dattelpalme in anderen Kulturkreisen

Der Artname der echten Dattelpalme leitet sich von gr. *dactylos* (= Dattel) ab und kennzeichnet die Dattel tragende *Phoenix*-Art. Sie ist heute in Nordafrika und Arabien als wichtigster Oasenbaum verbreitet und wird seit ältester Zeit im Gebiet um den Persischen Golf kultiviert. Der Name *Phoenix* wurde bereits von Theophrast für die Dattelpalme als Kulturpflanze verwendet. Ebenso benutzt der römische Geschichtsschreiber Plinius die Bezeichnung nicht nur für die Dattelpalme, sondern als Kennzeichnung für die Palme schlechthin.

In den Oasen Nordafrikas, aber auch in den Trockenlandschaften Südwestasiens ist die Dattelpalme eine wichtige Nahrungsgrundlage. Mit ihrem tief reichenden Wurzelsystem schafft es die Dattelpalme, das Grundwasser zu erreichen, was viele andere Pflanzen nicht vermögen.

Im christlichen Glauben gilt die Dattelpalme als Symbol für Aufrichtigkeit, Gerechtigkeit und Rechtschaffenheit, für Heiligkeit und Auferstehung.

Die Dattelpalme ist Sinnbild einer Oasenidylle und leibhaftiger Beweis der Anpassung einer Pflanze an die unerbittlich niederbrennende Sonne.

Hinsichtlich der folgenden Bibelstelle muss man wissen, dass sich der Ertrag der Dattelkulturen mit zunehmendem Alter steigert. Die erste Ernte liefern fünf bis sechs Jahre alte Pflanzen. Danach steigert sich der Ertrag immer mehr, selbst über hundertjährige Dattelpalmen bringen noch beachtliche Fruchtmengen.

Der Gerechte gedeiht wie die Palme, er wächst wie die Zedern des Libanon. Gepflanzt im Hause des Herrn, gedeihen sie in den Vorhöfen unseres Gottes. Sie tragen Frucht noch im Alter und bleiben voll Saft und Frische.

Psalm 92,13–15

Jericho, das man für die älteste Stadt der Welt hält, heißt in der Bibel „die Stadt der Palmen“.

Er zeigte ihm Gilead bis nach Dan hin, ganz Naftali, das Gebiet von Efraim und Manasse, ganz Juda bis zum Mittelmeer, den Negeb und die Jordangegend, den Talgraben von Jericho, der Palmenstadt, bis Zoar.

5. Buch Mose (Deuteronomium) 34,2–3

Mit Palmwedeln und Hosianna-Rufen wurde Jesu beim Einzug von den Einwohnern Jerusalems begrüßt. Der Palmsonntag, der die Karwoche einleitet, erinnert noch heute an diese Begebenheit.

Am Tag darauf hörte die Volksmenge, die sich zum Fest eingefunden hatte, Jesus komme nach Jerusalem. Da nahmen sie Palmzweige, zogen hinaus, um ihn zu empfangen und riefen: Hosanna! Gesegnet sei er, der kommt im Namen des Herrn, der König Israels!

Johannes 12,12–13

Blüten, erhält man in gut sortierten Kübelpflanzengärtnereien.

Standort im Sommer: Sonnig warm. In nassen, trüben Sommern fällt die Blüte nur mäßig aus.

Die Dattelpalme *Phoenix dactylifera* ist als Nutzpflanze seit ältester Zeit in Kultur (aus dem Codex 11 125, Band 3 (3): 251. Signatur Jerg Ziegler, zwischen 1555 und 1563. Bildarchiv Österreichische Nationalbibliothek Wien).

Standort im Winter: Die Überwinterung kann relativ dunkel bei Temperaturen zwischen 5 und 10 °C erfolgen, denn die Pflanzen werfen zum Herbst hin ihr Laub ab. In Wintergärten können die Temperaturen auch höher sein.

Gießen: In der Wachstumszeit von Februar bis August mäßig feucht halten. Keine Nässe aufkommen lassen. Im Winter im blattlosen Zustand nur sporadisch gießen.

Düngen: Mit Wachstumsbeginn ab Ende März bis Ende Juli.

Krankheiten und Schädlinge: Am Neuaustrieb im Frühjahr siedeln sich häufig Blattläuse an. In trockenen Sommern können Spinnmilben auftreten.

Dattelpalme

Phoenix dactylifera

Seit Jahrtausenden ist die Dattelpalme wichtigster Nahrungslieferant der Wüstenvölker. Allein sie ermöglichte es dem Menschen, Oasen zu besiedeln. Palmen in der Wüste – das bedeutet zugleich Wasser. Dies haben auch die Israeliten bei ihrer Wanderung durch die Wüste erfahren.

Von Mara brachen sie auf und kamen nach Elim. In Elim gab es zwölf Quellen und siebzig Palmen; daher schlugen sie dort ihr Lager auf.

4. Buch Mose (Numeri) 33,9

Im christlichen Glauben gilt die Dattelpalme als Symbol für Aufrichtigkeit, Gerechtigkeit und Rechtschaffenheit, für Heiligkeit und Auferstehung.

Debora saß unter einer Dattelpalme, um Recht zu sprechen.

Damals war Debora, eine Prophetin, die Frau des Lappidot, Richterin in Israel. Sie hatte ihren Sitz unter der Debora-Palme zwischen Rama und Bet-El im Gebirge Efraim, und die Israeliten kamen zu ihr hinauf, um sich Recht sprechen zu lassen.

Richter 4,4–5

Inmitten der vier Lebewesen hörte ich etwas wie eine Stimme sagen: Ein Maß Weizen für einen Denar und drei Maß Gerste für einen Denar. Aber dem Öl und dem Wein füge keinen Schaden zu!

Offenbarung 6,6

Das Säen der Getreidekörner, das Keimen und das Wachsen der Keimlinge und die Ernte wird in den Erzählungen des Alten und des Neuen Testaments an verschiedenen Stellen beschrieben. So beispielsweise im „Gleichnis vom Wachsen der Saat“:

Er sagte: Mit dem Reich Gottes ist es so, wie wenn ein Mann Samen auf seinen Acker sät; dann schläft er und steht wieder auf, es wird Nacht und wieder Tag, der Samen keimt und wächst, und der Mann weiß nicht, wie. Die Erde bringt von selbst ihre Frucht, zuerst den Halm, dann die Ähre, dann das volle Korn in der Ähre. Sobald aber die Frucht reif ist, legt er die Sichel an; denn die Zeit der Ernte ist da.

Markus 4,26–29

Das Erntegut wurde bei Wind mit einer Schaufel hoch geworfen (man worfelte es), um es zu reinigen. Dadurch wurde die Spreu von den Körnern weggeweht, d. h. getrennt, während die schweren Körner zu Boden fielen.

Heute Abend worfelt er die Gerste auf der Tenne.

Rut 3,2

Wichtige Getreide der Menschheit

Als Brotgetreide spielten die Gersten jahrtausendelang eine große Rolle, auch in biblischer Zeit, während sie in der heutigen Zeit als Brotgetreide von geringer Bedeutung sind. Heute wird ein großer Teil der Gersten als hochverdauliches Kraftfutter für die Tierproduktion verwendet. Die Zweizeilige Sommergerste, die schon in der Bibel erwähnt wird,

Hart- oder Durum-Weizen *Triticum durum*.

Die Wildform der Zweizeiligen Gerste.

dient als Braugerste für die Bierherstellung. Ein kleinerer Teil wird zu Malzkaffee, Gries und Graupen verarbeitet.

Bei den in der Bibel erwähnten Weizenarten handelt es sich um den Hart- oder Durum-Weizen (*Triticum durum*) und um den so genannten Zweikorn-Weizen oder Emmer (*Triticum dicoccon*). Hart-Weizen bildet die Grundlage für die Herstellung von Teigwaren (beispielsweise Makkaroni und Nudeln), Weizengrieß und Durum-Weizenmehl. Ihren Namen trägt diese Art wegen der harten, glasigen, durchscheinenden Früchte. Auf Durum-Weizen entfallen heute etwa 10 % der Weltproduktion der gesamten Weizenmenge.

Emmer war früher lange Zeit die wichtigste Weizenart und wurde zur Herstellung von Graupen und Stärke verwendet. Heute wird sie praktisch nicht mehr angebaut.

Steckbrief

Wuchs: Weizen und Gerste zeigen den typischen Bau einer Graspflanze mit Büschelwurzelsystem, aufrechtem, deutlich in Nodien und Internodien gegliedertem Halm und lanzettförmigen Blättern.
Früchte: Die Blüten von Weizen und Gerste sind in Ährchen angelegt, aus denen sich nach der Befruchtung die „Körner" (bot. Karyopsen = Nüsschen) entwickeln.
Herkunft: Der Ursprung vieler Getreidearten, so auch der von Weizen und Gerste, verliert sich in Mythen. Ihr erster Anbau zählt zu den wichtigen Momenten der prähistorischen Zeit. Daher sind die Spuren, die uns in ihre Heimat zu leiten scheinen, unsicher. Naturhistorische und geschichtliche Gründe sprechen dafür, dass die Länder des Euphrat und Tigris als das Vaterland von Weizen und Gerste anzusehen sind.

Kultur- und Pflegehinweise

Verwendung: Als einjährige Pflanzenarten lassen sich Weizen und Gerste den Sommer über hervorragend als größere Topfpflanzen für Standorte im Garten und auf Balkon und Terrasse verwenden. Wer will, kann Gerste und Weizen

Triticum durum, *Hordeum vulgare* und *Triticum dicoccon* als Topfpflanzen.

selbstverständlich auch in seinem Garten auf Beete aussäen oder nach Vorkultur auspflanzen. Mit „Feldblumen" wie Mohn und Wucherblume (siehe Seite 117 ff.) gemischt, können sie auf den Beeten hübsche Akzente setzen.
Verfügbarkeit im Handel: Saatgut der normalen Weizen- und Gersten-Arten erhält man von Landwirten vor Ort. Bei den Wildformen ist man auf Botanische Gärten angewiesen.
Aussaat: Am besten ab Ende März bis Mitte Mai bei Temperaturen um 20 °C. Man sät 10–20 Körner in einem 11-cm-Topf in eine leicht aufgedüngte Erde. Wenn der Topf gut durchwurzelt ist, wird in den Endtopf umgetopft. Als Endtöpfe eignen sich Gefäße mit einem Durchmesser von 20 cm; als Erde eine nährstoffreiche Balkonpflanzenerde.
Standort im Sommer: Gleich nach dem Topfen in den Endtopf sollten die Pflanzen ins Freie kommen. Belässt man die Pflanzen im Zimmer, werden die Halme aufgrund der schlechten Lichtbedingungen weich und knicken leicht um.
Gießen: Hoher Wasserbedarf bis zum Ährenschieben. Nach Beginn der Fruchtbildung weniger stark gießen.

Düngen: Spätestens vier Wochen nach dem Eintopfen in den Endtopf muss flüssig nachgedüngt werden, sofern kein Langzeitdünger der Erde beigemischt wurde.
Krankheiten und Schädlinge: Beide Getreidearten sind anfällig für Echten Mehltau und Rostkrankheiten. Auf Blatt fressende Raupen achten!

Echter Weinstock, Weinrebe, Weintraube

Vitis vinifera subsp. *vinifera*

Von den ersten Anfängen der Menschheit an wurden Reben angebaut und ihre Früchte verwertet. An zahllosen Stellen im Alten wie im Neuen Testament wird Bezug auf den Weinstock genommen. Der Bibel nach war Noah der erste Winzer.

Noah wurde der erste Ackerbauer und pflanzte einen Weinberg.

1. Buch Mose (Genesis) 9,20

Weinbeere (Ausschnitt aus Schautafeln: „Beeren- und Steinfrüchte“. Farblithographie, Bl. 25 aus: Walther, Bilder zum Anschauungsunterricht für die Jugend, 2. Teil, 2. Abt., Die Pflanzenwelt, Eßlingen (J. F. Schreiber) 1891. Frankfurt a.M., Privatsammlung).

Das Bild des Weinstockes wird von Jesus in seinen Gleichnissen oft verwendet.

Weinberge zu besitzen, bedeutete Reichtum und Segen. Der alte Jakob spendete seinem Sohn Juda den Segen:

Er wäscht in Wein sein Kleid, in Traubenblut sein Gewand. Feurig von Wein funkeln die Augen, seine Zähne sind weißer als Milch.

1. Buch Mose (Genesis) 49,11–12

Blühender Wein kündet mit seinem wunderbaren Duft den lang ersehnten Frühling an.

Denn vorbei ist der Winter, verrauscht der Regen. Auf der Flur erscheinen die Blumen; die Zeit zum Singen ist da … Am Feigenbaum reifen die ersten Früchte; die blühenden Reben duften. Steh auf, meine Freundin, meine Schöne, so komm doch!

Hohelied 2,11–13

Die Kundschafter, die Mose in das Land Kanaan schickte, trafen offenbar auf einen bereits hoch entwickelten Weinbau.

Von dort kamen sie in das Traubental. Dort schnitten sie eine Rebe mit einer Weintraube ab und trugen sie zu zweit auf einer Stange, dazu auch einige Granatäpfel und Feigen. Den Ort nannte man später Traubental wegen der Traube, die die Israeliten dort abgeschnitten hatten.

4. Buch Mose (Numeri) 13,23–24

Die Bibel ist an zahlreichen Stellen eine Art Weinanbaubuch. Anlage und Pflege eines Weinbergs sind ausführlich im Lied vom Weinberg im Buch Jesaja beschrieben. Es beginnt wie ein Liebeslied und wird dann zum Gerichtswort.

Ich will ein Lied singen von meinem geliebten Freund, ein Lied vom Weinberg meines Liebsten. Mein Freund hatte einen Weinberg auf einer fruchtbaren Höhe. Er grub ihn um und entfernte die Steine und bepflanzte ihn mit den edelsten Reben. Er baute mitten darin einen Turm und hieb eine Kelter darin aus. Dann hoffte er, dass der Weinberg süße Trauben brächte, doch er brachte nur saure Beeren. Nun sprecht das Urteil, Jerusalems Bürger und ihr Männer von Juda, im Streit zwischen mir und dem Weinberg! Was konnte ich noch für meinen Weinberg tun, das ich nicht für ihn tat? Warum hoffte ich denn auf süße Trauben? Warum brachte er nur saure Beeren? Jetzt aber will ich euch kundtun, was ich mit meinem Weinberg mache: Ich entferne seine schützende Hecke; so wird er zur Weide. Seine Mauer reiße ich ein; dann wird er zertrampelt. Zu Ödland will ich ihn machen. Man soll seine Reben nicht schneiden und soll ihn nicht hacken; Dornen und Disteln werden dort wuchern. Ich verbiete den Wolken, ihm Regen zu spenden. Ja, der Weinberg des Herrn der Heere ist das Haus Israel und die Männer von Juda sind die Reben, die er zu seiner Freude gepflanzt hat. Er hoffte auf Rechtsspruch – doch siehe da: Rechtsbruch, und auf Gerechtigkeit – doch siehe da: Der Rechtlose schreit.

Jesaja 5,1–7

Da der Anblick der köstlichen Trauben den Vorübergehenden geradezu zu einer Kostprobe einlud, wurde diese Versuchung eigens in einer Gesetzesvorschrift toleriert. In „Früchte am Weg“ heißt es:

Wenn du in den Weinberg eines andern kommst, darfst du so viel Trauben essen, wie du magst, bis du satt bist, nur darfst du nichts in ein Gefäß tun.

5. Buch Mose (Deuteronomium) 23,25

Nicht zuletzt ist der Weinstock ein Gleichnis für das Leben der Christen.

Ich bin der wahre Weinstock, und mein Vater ist der Winzer. Jede Rebe an mir, die keine Frucht bringt, schneidet er ab, und jede Rebe, die Frucht bringt, reinigt er, damit sie mehr Frucht bringt. ... Wie die Rebe aus sich keine Frucht bringen kann, sondern nur, wenn sie am Weinstock bleibt, so könnt auch ihr keine Frucht bringen, wenn ihr nicht in mir bleibt. Ich bin der Weinstock, ihr seid die Reben. Wer in mir bleibt und in wem ich bleibe, der bringt reiche Frucht; denn getrennt von mir könnt ihr nichts vollbringen. Wer nicht in mir bleibt, wird wie die Rebe weggeworfen und er verdorrt. Man sammelt die Reben, wirft sie ins Feuer und sie verbrennen.

Johannes 15,1–7

Beim letzten Abendmahl wird das Bild vom Trinken von der Frucht des Weinstocks zum Hinweis auf das Ewige Leben.

Wein im jüdischen Glauben

Auch im jüdischen Ritus spielte und spielt Wein eine wichtige Rolle. In der Midrasch gibt es vielfältige Vergleiche zwischen dem Weinstock und dem Volk Israel. Rabbi Schimon ben Lakisch sagt:
„Die Blätter des Weinstocks sind das gewöhnliche Volk des Landes (amai haArzot).“ Die Blätter erzeugen die

Die Kultur von Reben reicht weit in die Geschichte der Menschheit zurück. Der Bibel nach ist Noah der erste Winzer gewesen.

Grundstoffe für den ganzen Wein, wie das gewöhnliche Volk es für die Gemeinschaft tut.
„Die Triebe sind wie die Kaufleute (baalei haBatim)." Sie verteilen das, was die Blätter/das gewöhnliche Volk hergestellt haben.
„Die Unwissenden (reikanim)" haben auch eine Aufgabe: Sie sind „wie die Ranken der Weinpflanze", die für die Entwicklung und Ausbreitung wichtig sind.
Aber das Endziel sowohl des Weinstockes als des Volkes Israels ist es, „Reben (eschkolot) von feinen Trauben hervorzubringen, die die Gelehrten und Weisen der Gemeinschaft sind." (Gemara Chulin 29)

Wein in anderen Kulturkreisen

Nachweise für die Rebkultur und den Weingenuss reichen weit in die Geschichte der Menschheit zurück. Im südlichen Kaukasus bis hin zu Euphrat und Tigris vermuten die Archäologen die Anfänge der Weinkultur. Vermutlich werden es die Trauben von Wildreben gewesen sein, aus denen vor 8000 Jahren Wein bereitet wurde. Die frühen Könige Mesopotamiens und Ägyptens (3000 v. Chr.) waren stolz auf ihre Weinberge und ihre mit Weinen gefüllten Weinkeller. Trauben mit weißen, grünen, rosa, roten, dunkelblauen und violetten Beeren ernteten die Winzer in den Weinbergen der Pyramidenbauer in Ägypten vor 4700 Jahren. Zeugnisse darüber fanden sich in ihren Gräbern. Pharao Amenophis III (18. Dyn. 1580–1314 v. Chr.) schenkte dem Tempel von Luxor einen Weinberg, „dessen Ernten größer waren als die Wasser des vom Gott der Ewigkeit geborenen Nils bei Hochwasser." Neben bewundernswerten Kunstschätzen enthielt das Grab Tut-anch-amuns (um 1340 v. Chr.) außer Trauben und Rosinen 36 große Amphoren mit den vermutlich besten Weinen seiner Regierungszeit. Die Weine stammten nach der Beschriftung der Amphoren überwiegend „aus den Domänen des Westflusses" und wurden im 5. und 9. Regierungsjahr des Herrschers abgefüllt.

In mykenischer Zeit (1600–1200 v. Chr.) erreichte das Wissen um die Weinkultur Griechenland und damit Europa. In Griechenland breitete sich die Weinkultur rasch aus und zu Ehren von Dionysos, dem Gott des Weines, wurde manches Fest gefeiert. Nach Homer segelten täglich weinbeladene Schiffe nach Troja. Dort erhielt Odysseus den Wein, mit dem er den Zyklopen Polyphem trunken machte. Von

Griechenland wurde der Anbau über das ganze Mittelmeer verbreitet. So gelangte diese Kenntnis um 600 v. Chr. von der griechischen Phokäa (heute Foca in der Westtürkei) nach Masilia, dem heutigen Marseille. Von dort konnte Wein über die natürlichen Handelswege Rhone, Saone, Rhein, Mosel oder von Südosten über die Donau an die keltischen Fürsten verkauft werden. Die Römer übernahmen das Weinwissen um 300 v. Chr. über die Etrusker von den Griechen und bauten die Weinkultur weiter aus. Plinius berichtet, dass der Wein in den ersten Zeiten Roms so sparsam war, dass Romulus anstatt des Weins den Göttern Milch opferte. Wein wurde bei den Römern im Laufe der Zeit Bestandteil des täglichen Lebens. Deshalb ist es nicht verwunderlich, dass sich mit zunehmender Ausdehnung des römischen Reiches für die Legionen schon bald Transportschwierigkeiten ihres aus der Heimat stammenden Weines einstellten. Um dieses Problem zu beheben, ließ Kaiser Marcus Aurelius Probus (276–282 n. Chr.) Weinreben aus Italien kommen und von seinen Legionären unter anderem in den besetzten Gebieten Badens anbauen.

So richtig nach Deutschland gelangte die Rebe mit der Verbreitung des Christentums. Karl der Große ließ Weinbaubetriebe anlegen. In seiner Landgüterordnung (Capitulare de villis) von 812 wird empfohlen, „dass sich keiner unterstehe, unsere Traubenernten mit den Füßen auszustampfen, sondern das alles reinlich und ehrbar geschehe." Zentren der Weinkultur waren zur damaligen Zeit die Klöster, was sie auch für lange Zeit blieben. Im 16. Jahrhundert eroberte die europäische Weinkultur dann die Welt. Zunächst erreichte sie Amerika, im 17. Jahrhundert Südafrika und schließlich im 19. Jahrhundert Australien und Neuseeland. Diese Ausweitung hält bis heute an.

Mit der Züchtung von Weinsorten wurde schon sehr früh begonnen. Nach Vergil (70–19 v. Chr.) waren die Rebsorten zu seiner Zeit so zahlreich, dass er sie der Zahl der Sandkörner am Strand und den Wellen des Meeres gleichsetzte. Varro (116–27 v. Chr.) erwähnt 17 Rebsorten, Columnella (um 60 n. Chr.) und Plinius (24–79 n. Chr.) erwähnen eine Vielzahl von Sorten.

Steckbrief

Wuchs: Die Ursprungsart ist ein bis zu 30 m hoch kletternder Strauch mit tiefgreifenden, reich verästelten Wurzeln und holzigem Stamm.

Stamm: Im Alter wird der Weinstock knorrig und die Borke löst sich meist streifenförmig ab.

Laub: Ursprünglich drei- bis siebenlappig ausgeprägt, ist das Erscheinungsbild bei den Sorten sehr vielgestaltig. Die Blattbuchten können sich überlappen, sie können fehlen, groß, klein oder geschlossen sein.

Blüte: Der Blütenstand, eine Rispe, wird auch als Geschein bezeichnet, die 10 bis 1000 Einzelblüten beinhaltet.

Früchte: Beerenfrüchte. Je nach Wetter, das die Ausreife der Beeren beeinflusst, kann in der Regel ab September mit der Ernte begonnen werden.

Verwendung der Früchte: Die im Weinbau angebauten Keltertrauben bilden recht kompakte Gescheine und haben eine feste Schale. Sie besitzen darüber hinaus in der Regel viele Kerne (Samen), weshalb sie für den Frischverzehr nur bedingt geeignet sind. Anders hingegen die Tafeltrauben: Die locker an den Stielen hängenden Beeren haben eine dünne Haut, sind kernarm bis kernlos und ihr Fruchtfleisch ist süß und aromatisch.

Herkunft: Die Herkunft des „Echten Weinstocks" (*Vitis vinifera* subsp. *vinifera*) ist unbekannt. Urformen dieser in Europa eingebürgerten Art waren unter anderem in Zentralasien, der Balkan- und Apenninenhalbinsel, dem Nordiran und der Türkei beheimatet. Die Weinrebe ist ein Kosmopolit, sie zählt eindeutig zu den am weitesten verbreiteten Obstarten und gehört auf allen fünf Erdteilen zum festen Bestandteil der Kulturpflanzenpalette.

Kultur- und Pflegehinweise

Verwendung: Weinreben können einzeln an Pfählen kultiviert, an Mauern und Hauswänden als Spalier gezogen oder zur Begrünung von Laubengängen und Pergolen genutzt werden. Wer keinen Garten zur Verfügung hat, kann Wein auch im Kübel auf dem Balkon ziehen.

Verfügbarkeit im Handel: Die Beschaffung ist kein Problem, sowohl Kelter- als auch Tafeltrauben werden in Gartencentern und Gärtnereien regelmäßig angeboten. Außerhalb typischer Weinbauregionen empfiehlt es sich, auf früh bis mittelspät reifende Sorten zurückzugreifen.

Standort und Pflanzung: Wein gedeiht am besten in sonnigen, warmen und zugleich geschützten Lagen. Extreme Frostlagen sollten deswegen unbedingt vermieden werden. Die Jahresmitteltemperaturen sollten mindestens bei 8 °C liegen. Pflanzungen vor nach Süden gerichteten Mauern oder Wänden sind besonders gut geeignet. Der Boden sollte tiefgründig und locker sein. Entscheidet man sich für eine Kultur im Kübel, sollte auf Pflanzgefäße zurückgegriffen werden, die mindestens die Maße 40 × 40 × 60 cm (etwa 30 l Inhalt) besitzen.

Gießen: Frei ausgepflanzte Weinstöcke kommen nach der Anwachsphase in der Regel ohne Zusatzbewässerung aus. Weinstöcke im Kübel brauchen regelmäßig Wasser, vertragen jedoch keine Staunässe.

Düngen: Für optimales Wachstum, guten und hohen Ertrag werden ausreichend Nährstoffe benötigt. Zu bevorzugen sind organisch-mineralische Mehrnährstoffdünger, die zweimal im Jahr beigegeben werden. Die erste Gabe im Frühjahr vor dem Knospenaustrieb, die zweite nach der Blüte. Je m^2 sind jeweils 30 g zu geben. Weinreben im Kübel sollte man von Mai bis Ende Juli regelmäßig mit einem ausgewogenen Mehrnährstoffdünger am besten flüssig düngen.

Krankheiten und Schädlinge: Falscher und Echter Mehltau können auftreten, sowie Grauschimmel bei anhaltender Feuchtigkeit. Gefürchtet ist der Traubenwickler.

Bei entsprechender Pflege können Wein- und Tafeltrauben auch gut im Kübel gehalten werden.

Das Laubhüttenfest

Kaum ein anderes Volk des Altertums hat so viele Pflanzen in sein religiöses Leben einbezogen wie die Juden in biblischer Zeit. Die Bibel weist eine Vielzahl von Riten, Festen, Geboten und Vorschriften auf, die mit Pflanzen zu tun haben. Eine besondere Bedeutung im Leben der Juden hat das Laubhüttenfest. Es wird zur Erinnerung an die Zeit des Wüstenzuges und die gnädige Bewahrung des Volkes durch den Herrn während der 40 Jahre gefeiert. Das Laubhüttenfest ist neben dem Pascha- und dem Pfingstfest das dritte große jüdische Wallfahrtsfest.

Das Laubhüttenfest wird gefeiert, wenn sich der jahreszeitliche Kreis von Saat und Ernte mit der Wein-, Obst- und Olivenernte schließt, genau sechs Monate nach dem Osterfest. Es währt eine Woche.

Du sollst das Wochenfest feiern, das Fest der Erstlingsfrüchte von der Weizenernte, und das Fest der Lese an der Jahreswende.

2. Buch Mose (Exodus) 34,22

Das Volk wohnte zum Laubhüttenfest im Freien in Hütten, die aus Zweigen auf Plätzen, Terrassen und Hausdächern errichtet wurden. Nachzulesen bei Nehemia 8,13–18, wo die Feier des Laubhüttenfestes beschrieben ist.

Gebräuche, die dem Laubhüttenfest das besondere Gepräge gaben, waren die Wasserspende, der Umzug um den Brandopferaltar und der Feststrauß, der so genannte Lulab.

Jeder israelische Mann war zum Tragen des Feststraußes, des Lulabs, verpflichtet. Er besteht aus einem jungen, stielförmigen Palmwedel (*lulaw*), zwei Weiden- (*araba*) und drei Myrtenzweigen (*hadas*). Hinzu kam noch eine Frucht der Zitronat-Zitrone (*Citrus medica*), der Ethrog, die in der offenen Hand gehalten wird.

Diese vier Pflanzenarten werden als repräsentativ für die Ernte und für das Volk Israel betrachtet.

Die Zusammenstellung dieser vier Pflanzenarten sieht man auch als Symbol der Vereinigung von Gott mit der Kreatur an. Der Zitronenbaum stellt dabei den Schöpfer selbst dar, die Palmenzweige den geistigen Teil der Schöpfung, die Weidenzweige die Erde und ihre zahlreichen Bewohner und die Myrte den Himmel und sein System.

Zitronat-Zitrone, Zedrat-Zitrone

Citrus medica

Es gibt nur wenige Pflanzen, die so vollkommen das Bild des Südens in uns wecken wie die Zitruspflanzen. Diese Art, der Echte Adams- oder Paradiesapfel (*Citrus medica*), wird auch in der Bibel erwähnt. Sie spielt im religiösen Leben der Israeliten eine große Rolle. Die Frucht von *Citrus medica* var. *ethrog* (Syn. 'Ethrog'), gilt als Frucht vom Baume der Er-

Von kuriosem Aussehen sind die Früchte verschiedener Kulturformen der Zitronat-Zitrone.

kenntnis und zusammen mit Palmblatt, Myrte und Bachweide als Symbol des Schöpfers bei seiner Vereinigung mit den Menschen. In der Bibel heißt es im Zusammenhang mit dem Laubhüttenfest der Juden:

> *Am ersten Tag nehmt schöne Baumfrüchte (auf Hebräisch „etz hadar"; Übersetzer gehen davon aus, dass es sich dabei um C. medica handelt [Anm. d. Autors]), Palmwedel, Zweige von dicht belaubten Bäumen und von Bachweiden, und seid sieben Tage lang vor dem Herrn, eurem Gott, fröhlich!*
>
> 3. Buch Mose (Levitikus) 23,40

Die Zitronat-Zitrone in anderen Kulturkreisen

Eine erste Beschreibung des so genannten „Medischen" oder „Persischen Apfels" verdanken wir Theophrast (371–287 v. Chr.). Er schreibt, dass die Frucht ungenießbar, aber sehr wohlriechend sei und als Mittel gegen Motten, Gicht und Mundfäule helfe. Da der Geruch der Früchte an Zedernholz erinnert und diesem auch ähnlich ist, nannten die Griechen den Baum auch Zedernapfel. Von den Griechen gelangte die Nachricht von dem Medischen Apfel zu den Römern. Der römische Dichter Vergil (70–19 v. Chr.) soll ihn zuerst als „goldenen" oder „Glücksapfel" bezeichnet haben. In seiner „Georgica" sagt er von ihm: „In Medien wächst der Glücksapfel, dessen Saft einen jämmerlichen, lang anhaltenden Geschmack hat, der aber ein herrliches Mittel gegen verschlucktes Gift ist." Nach Rom gelangte die Zedrat-Zitrone im 1. Jahrhundert n.Chr., wo der Gelehrte Plinius (24–79 n. Chr.) erstmals das griechische *kedros* in das lateinische *citrus* überführte.

Herkules soll die Früchte der Hera vom Atlas geholt haben. Atalante ließ sich durch die aphrodisischen Äpfel im Wettlauf mit ihrem schönen Freier aufhalten.

Die Heilige Hildegard von Bingen († 1179) kennt die Zitronat-Zitrone als „Bontziderbaum", Albertus Magnus († 1280) als *Cedrus italorum, pomum, cedrinum*.

Aus der Aufforderung der Bibel, eine schöne Frucht zu nehmen, wird gefolgert, dass die Ethrog eine völlig fehlerlose Frucht zu sein habe. Johann Christoph Volkamer (1708) beschreibt dies in seinen „Nürnbergische Hesperides": „... Es muss aber eine solche Frucht ohn jeden Fehler und Tadel sein, dabei obenher ein kleines Pützlein und unten ein wenig Stiel haben." Dieses „Pützlein" (es handelt sich dabei um den Griffelrest) heißt im hebräischen „Pitma" und soll eine zitzenartige Spitze darstellen.

Auf dem berühmten Bild von Marc Chagall „Festtag (Rabbiner mit Zitrone)" ist eine solche Ethrog-Frucht dargestellt. Sie muss hellgelb und völlig fehlerfrei sein und darf nur in der gezeigten, spindelähnlichen Form verwendet werden.

Um diese in der Natur nur relativ selten auftretende Form zu erreichen, lässt man die jungen Früchte in den israelischen Zitrus-Plantagen in spezielle Glasgefäße hineinwachsen. Die sorgfältig ausgewählten, reifen Früchte werden dann jedes Jahr im September vorsichtig von Hand gepflückt, in Hanf verpackt und an die jüdischen Gemeinden in allen Teilen der Welt verschickt.

Steckbrief

Wuchs: Kleiner, baumförmiger, reich verzweigter, bis zu 3 m hoher Strauch mit dornigen Zweigen.

Laub: Blätter elliptisch-eiförmig, 10–20 cm lang, 3–9 cm breit, Blattrand gesägt, ohne die sonst bei *Citrus* üblichen geflügelten Blattstiele.

Blüte: Die zwittrigen, außen rötlich purpurnen, innen weißen Blüten erreichen 3–4 cm im Durchmesser.

Früchte: Große eiförmige, bauchige oder zylinderartige Früchte, etwa 20 cm lang und bis zu 15 cm dick, meist mit einem zitzenförmigen Ende. Schale dick mit sehr dickem festem Mesokarp (Albedo); sie ist nicht glatt, sondern rau, warzig und höckerig, zum Teil auch sehr bizarr gefurcht. Bei Vollreife von gelblich grün bis goldgelb gefärbt, je nach Standort und Sorte.

Herkunft: Das Ursprungsgebiet wird in den Vorgebirgen des Himalaja im Bereich des heutigen Yunnan (China) und Nordburma vermutet. Größere Anbaugebiete findet man auf Sizilien, Kreta, Korsika und Puerto Rico.

Kultur- und Pflegehinweise

Verwendung: Sie ist als größere Topfpflanze, besser noch als Kübelpflanze für Terrasse, Balkon und Wintergarten geeignet.

Verfügbarkeit im Handel: Die Verfügbarkeit ist vor Ort nicht immer befriedigend. Einschlägige Kübelpflanzenhändler haben diese Art regelmäßig im Angebot. Als Alternative zur Zitronat-Zitrone könnte auch die eigentliche Zitrone (*Citrus limon*) verwendet werden, die vielerorts angeboten wird.

Standort im Sommer: Optimales Wachstum ist nur bei starker Sonneneinstrahlung und Wärme möglich. Pflanzen, die im Schatten oder Halbschatten stehen, wachsen zwar auch, aber die Blüten- und Fruchtbildung bleibt weitgehend aus.

Standort im Winter: Helle Plätze mit ausreichender Frischluftzufuhr (am besten Wintergarten oder Gewächshaus). Sie benötigt höhere Temperaturen als andere *Citrus*-Arten, unter 10 °C sollten die Temperaturen auf Dauer nicht sinken.

Gießen: Das richtige Gießen verlangt viel Sorgfalt und Erfahrung, Staunässe muss unbedingt vermieden werden, deshalb auch nur Substrate mit hohem Porenvolumen verwenden. Ein kritischer Faktor ist die Wasserqualität, denn sie lieben keinen Kalk im Boden. Bei pH-Werten über 6 treten Chlorosen auf, da wichtige Spurenelemente (insbesondere Eisen) nicht mehr aufgenommen werden können. Die Symptome kann man durch Gießen oder Spritzen mit einem Eisendünger kurieren, die Ursache beseitigt man dadurch aber nicht.

Düngen: Im Frühjahr/Sommer regelmäßig düngen. Ab September nicht mehr, damit die Triebe ausreifen können.

Krankheiten und Schädlinge: Auf Blattläuse, Wollläuse, Spinnmilben und insbesondere auf Schildläuse muss man achten. Im Winter kann in schlecht gelüfteten Wintergärten Grauschimmel auftreten.

Citrus-Arten, hier *Citrus limon*, sind hervorragende Wintergartenpflanzen.

Myrte
Myrtus communis

Die Myrte ist im Zusammenhang mit dem Laubhüttenfest von besonderer Bedeutung. Aber auch an anderer Stelle wird diese im gesamten Mittelmeeraum verbreitete Pflanzenart erwähnt.

Der Prophet Jesaja weissagte, dass eines Tages die Myrte das Dornengestrüpp und die Nesseln der Wüste ersetzen würde.

Zahlreiche Staubblätter zieren die kleinen weißen Blüten der Myrte.

Der eigentliche Name der biblischen Gestalt Ester, Hadassa, ist aus dem hebräischen Wort für Myrte (*hadas*) abgeleitet.

Es war der Vormund von Hadassa, der Tochter seines Onkels, die auch Ester hieß.

Ester 2,7

Auf den kahlen Hügeln lasse ich Ströme hervorbrechen und Quellen inmitten der Täler. Ich mache die Wüste zum Teich und das ausgetrocknete Land zur Oase. In der Wüste pflanze ich Zedern, Akazien, Ölbäume und Myrten. In der Steppe setze ich Zypressen, Platanen und auch Eschen.

Jesaja 41,18–19

Statt Dornen wachsen Zypressen, statt Brennnesseln Myrten. Das geschieht zum Ruhm des Herrn als ein ewiges Zeichen, das niemals getilgt wird.

Jesaja 55,13

Auch der Prophet Sacharja erwähnt in seiner ersten Vision immer wieder Myrtenbäume.

In dieser Nacht hatte ich eine Vision: Ich sah einen Mann auf einem rotbraunen Pferd. Er stand zwischen den Myrtenbäumen in der Tiefe und hinter ihm waren rotbraune, blutrote und weiße Pferde.

Sacharja 1,8

Die Myrte in anderen Kulturkreisen

Die Myrte hatte und hat in vielen Kulturen große Bedeutung. Mit Lotos, Granatblüten und dem weißen Blütenschmuck der Myrte umwanden die ägyptischen Schönen Haar und Gewand bei Festaufzügen, Festmählern, Musik und Tanz. Den alten Persern galt die Pflanze als heilig. Ihre Priester schürten die Opferfeuer mit Myrtenruten. In der griechisch-römischen Mythologie erscheint die Myrte als die Heilige Pflanze der Aphrodite oder Venus, die mit einem Myrtenkranze (*Venus Murtea*) auf Münzen dargestellt wurde und deren Tempel von Myrtensträuchern umgeben waren.

Die durchsichtigen Punkte in den Laubblättern mancher Myrtenformen erklärten die Griechen durch die Sage der Phädra, der unglücklichen Gemahlin des Theseus. Sie soll unter einer Myrte sitzend im Traume Hippolyt von ferne beobachtet haben, wie er seinen zweiräderigen Wagen bestieg und zur Jagd aufbrach. In ihrem Liebesschmerz habe sie die Blätter der Myrte mit den goldenen Nadeln ihrer Haarflechten durchstochen und sich dann selbst an den Zweigen erhängt.

Feldherren, die ein fremdes Volk nicht durch Waffengewalt, sondern durch Überredung gewonnen oder einen verächtlichen Gegner (Sklaven, Seeräuber usw.) besiegt hatten, trugen beim so genannten „Kleinen Triumph" (ovatio) nicht den sonst üblichen Lorbeer-, sondern einen Myrtenkranz. Als Marcus Crassus im Jahre 71 v. Chr. das unter Spartakus kämpfende Heer besiegt und die Überlebenden gekreuzigt hatte, erlangte er als besondere Gunst des Senates die Erlaubnis, bei seiner „Ovation" einen Myrtenkranz an Stelle der „corona ovalis" tragen zu dürfen.

In unsere Breiten gelangte die Myrte im 16. Jahrhundert. Auf so genannten Brautdecken, seidenen Tischdecken, die den Fugger'schen Webereien entstammen sollen, sind Myrtenkränze mit frommen Sprüchen eingewoben. Eine Tochter Jakob Fuggers soll 1583 die Erste gewesen sein, die statt des damals üblichen Rosmarinkränzchens einen seinerzeit sehr kostbaren Myrtenkranz trug. Auch heutzutage steht wohl kaum etwas enger in Verbindung mit den Myrten als eine Hochzeit. Denn wenn Braut und Bräutigam auf Tradition halten, trägt sie ein Myrtenkränzchen im Haar und er ein kleines Myrtensträußchen am Revers.

Durch Destillation wird aus den frischen Myrtenblättern das Myrtenöl gewonnen, eine farblose oder braungelbe Flüssigkeit von angenehm aromatischem Geruch und scharfem Geschmack, das in der Pharmazie auch heute noch eine gewisse Bedeutung hat. Als Schönheitsmittel bekannt ist das so genannte Engel- oder Myrtenwasser, das durch Destillation aus Blüten und Laubblättern gewonnen wird.

Die Beeren, deren Magen stärkende Heilwirkung bereits den Römern bekannt war, wurden und werden bisweilen auch als Gewürz verwendet. Plinius rühmt Wildschweinbraten mit Myrtensoße.

Aus den Samen wird ein fettes Öl, das so genannte Myrtensamenöl gepresst. Die Früchte der weißfrüchtigen Kulturform 'Leucocarpa' werden in Griechenland gern gegessen.

Nach einer altarabischen Überlieferung soll schon Adam einen Myrtenspross als Andenken an das paradiesische Glück aus dem Garten Eden mitgenommen haben. Den Juden war die Myrte das Symbol des Friedens und auch die Toten erhielten Myrtenkränze. Zacharias soll bei seiner Vision den Engel, der ihm die Wiederherstellung Israels verkündete, inmitten von Myrtengebüsch gesehen haben. In den Heiligen Büchern heißt es deshalb, dass die Myrte eine immer größere Ausbreitung gewann, um die Vision wahr zu machen.

Eine Parallele zu den Rosenwundern der Gottesmutter Maria darstellendes Myrtenwunder wird von dem um 200 n. Chr. in Alexandria und Rom lebenden Grammatiker Athenaios aus Naukratis in Ägypten mitgeteilt. Nach diesem Berichte wurde Herostratos, ein im 7. Jahrhundert v. Chr. lebender Bürger von Naukratis, bei seiner Rückreise von Phaphos, wo er ein uraltes Bild der Aphrodite gekauft hatte, von einem furchtbaren Sturm überrascht. In seiner Not wandte er sich Hilfe suchend an die Göttin. Diese erhörte ihn und ließ plötzlich auf dem Schiffe blühende Myrten entstehen. Gleichzeitig hörte der Sturm auf und Herostratos erreichte glücklich die afrikanische Küste. Der Göttin zum Dank gab er ein Gastmahl, bei welchem jeder Gast einen aus Myrten geflochtenen „Naukratidenkranz" erhielt. Der 550–478 v. Chr. in Samos und Athen lebende ionische Dichter Anakreos spricht von mit Rosen durchflochtenen Myrtenkränzen, die man bereits zu seiner Zeit zu Ehren der Aphrodite trug.

Die Myrte gilt nicht nur als die Pflanze der Hoffnung, sondern auch als Deuterin für des Lebens Glück und Unglück. Bratranek bezeichnet sie auch als „Pflanze der Reminiszenz", da ihr Anblick versunkene Bilder wieder hervorrufen würde.

Steckbrief

Wuchs: Kleiner, immergrüner, buschiger Strauch oder auch bis zu 5 m hoher Baum.

Laub: Die eirund bis lanzettlich zugespitzten, kleinen Blätter stehen paarweise kreuz- oder seltener zu dreien quirlständig. Sie sind lederartig glänzend, oberseits tiefgrün, unterseits matter und duften gerieben aromatisch.

Blüte: Die weißen, wohlriechenden Blüten mit bis zu 50 Staubblättern stehen meist einzeln in den Blattachseln.

Früchte: Die rundlichen, erbsengroßen, in der Regel schwarzbläulichen, essbaren Beeren werden vom Kelch gekrönt.

Herkunft: *Myrtus communis* gehört zur mediterranen Hartlaubflora. Im wärmeren Mittelmeergebiet fehlt sie in fast keiner Macchie.

Treppe zum Himmel

Diese Bonsaiform einer Myrte trägt die Bezeichnung „Treppe zum Himmel“ oder „Himmelsleiter“. „Stufen“ ermöglichen den Auf- und Abstieg. Der Himmel ist als Halbkugel angedeutet. Nicht einsehbar ist er – und dennoch öffnet sich der Himmel zur Erde. Damit erinnert die Myrte nicht nur an das Laubhüttenfest, bei dem sie den Himmel und sein System symbolisiert, sondern auch an den Traum des Jakob:

Jakob zog aus Beerscheba weg und ging nach Haran. … Da hatte er einen Traum: Er sah eine Treppe, die auf der Erde stand und bis zum Himmel reichte. Auf ihr stiegen Engel Gottes auf und nieder. Und siehe, der Herr stand oben und sprach: Ich bin der Herr, der Gott deines Vaters Abraham und der Gott Isaaks. Das Land, auf dem du liegst, will ich dir und deinen Nachkommen geben.

1. Mose (Genesis) 28,10–13

Kultur- und Pflegehinweise

Verwendung: Als Topfpflanze für die Fensterbank, als Kübelpflanze für Terrasse, Balkon und Wintergarten oder auch als Bonsai.
Verfügbarkeit im Handel: Im Handel meist als kleinere Topfpflanze erhältlich, größere Pflanzen in Kübelpflanzengärtnereien.
Standort im Sommer: Sie benötigt ausreichend Licht, um sich artgerecht zu entwickeln. Helle Standorte mit Morgen- oder Abendsonne sagt ihr am besten zu. An schattigen Standorten werden die Triebe lang und hängen herunter.
Standort im Winter: Auch im Winter braucht die Myrte viel Licht, mag aber keine hohen Temperaturen (nicht über 15 °C). Ideal sind Temperaturen zwischen 5 und 10 °C.
Gießen: Wichtig ist das gleichmäßige Gießen, nicht zu viel und nicht zu wenig. Die Erde darf nie ganz austrocknen (schon an einem Wochenende ohne Wasser kann eine Myrte austrocknen), aber auch nie richtig feucht sein (dann werden die Blätter gelb, die Wurzeln faulen).
Düngen: Nur ausreichend ernährte Pflanzen können Blüten bilden. Von April bis Ende September regelmäßig düngen.
Krankheiten und Schädlinge: Neben Wurzelfäulnis als Folge stauender Nässe ist insbesondere auf den Befall durch Weiße Fliege, Woll- und Schildläuse zu achten.

Zwei kleine Myrten als Hochzeitsgeschenk, sie symbolisieren Braut und Bräutigam.

Heilmittel, Duftstoffe und Räucherwerk

Seit es die Menschheit gibt, hat sich der Mensch an Duftstoffen und Räucherwerk erfreut sowie Heilmittel aus Pflanzen gewonnen. So ist es kein Wunder, dass solche Stoffe auch in der Bibel erwähnt werden. Besondere Bedeutung haben Weihrauch, Myrrhe, Ladanum, Mastix und Aloe-Harz.

Weihrauch

Boswellia sacra

Weihrauch beziehungsweise das Olibanum, wie der Weihrauch auch genannt wird, ist ein getrockneter Wundsaft von bestimmten Arten der Gattung *Boswellia*. Weihrauch ist neben Gold und Myrrhe ein Geschenk der Sterndeuter an den Sohn Gottes. Er zählte zu den Tempelschätzen und ist Räucher- und Heilmittel, wie man in der Heiligen Schrift nachlesen kann.

Als sie den Stern sahen, wurden sie von sehr großer Freude erfüllt. Sie gingen in das Haus und sahen das Kind und Maria, seine Mutter; da fielen sie nieder und huldigten ihm. Dann holten sie ihre Schätze hervor und brachten ihm Gold, Weihrauch und Myrrhe als Gaben dar.

Matthäus 2,10–11

Früher hatte der Priester Eljaschib die Kammern des Hauses unseres Gottes betreut; er war verwandt mit Tobija und hat-

Von skurriler Gestalt sind die Sträucher der verschiedenen Weihrauch-Arten.

te darum für ihn eine große Kammer einrichten lassen. Dort bewahrte man früher das Opfermehl und den Weihrauch auf sowie die Behälter und den Zehnten von Getreide, Wein und Öl, der den Leviten, Sängern und Torwächtern gesetzlich zukam, außerdem die Abgaben für die Priester.

Nehemia 13,4–5

Der Herr sprach zu Mose: Nimm dir Duftstoffe, Staktetropfen, Räucherklaue, Galbanum, Gewürzkräuter und reinen Weihrauch, von jedem gleich viel, und mach' Räucherwerk daraus, ein Würzgemisch, wie es der Salbenmischer herstellt, gesalzen rein und heilig.

2. Buch Mose (Exodus) 30,34–35

Aus der Hand des Engels stieg der Weihrauch mit den Gebeten der Heiligen zu Gott empor.

Offenbarung 8,4

Weihrauch in anderen Kulturkreisen

Als Räuchermittel wird Weihrauch schon seit dem Altertum verwendet. Im „göttlichen Wohlgeruch" sahen die Menschen eine Form der Offenbarung, ein Zeichen göttlicher Nähe. In der frühen christlichen Kultur wurde die Verwendung von Weihrauch zuerst als „heidnisch" verbannt. Erst seit dem 4. Jahrhundert unter dem römischen Kaiser Konstantin wurde Weihrauch auch zu einem festen Bestandteil in der römischen und griechischen Kirche.

Dem Weihrauch werden stimulierende, berauschende und betäubende Wirkungen nachgesagt. In der traditionellen Medizin des Vorderen Orients und Indiens ist Weihrauch fast gegen alles wirksam: Magen-Darm-Erkrankungen, Infektionen, Atemwegserkrankungen, Leberentzündungen, Hauterkrankungen, Krebs, Warzen, Schmerzen und vieles mehr. Neuere Untersuchungen von Weihrauchöl haben

Solch frischgrüne Blätter trägt der Weihrauch-Strauch nur während der kurzen Wachstumszeit.

mehr als 30 Inhaltsstoffe mit teilweise antibakterieller Wirkung nachgewiesen.

In den Schriften des griechischen Arztes Hippokrates zählt Weihrauch zu den am häufigsten empfohlenen Heilmitteln. In der antiken Welt ist Weihrauch eines der begehrtesten Handelsgüter. In Ägypten wurde Weihrauch ebenso verbrannt wie an den Höfen indischer Maharadschas. In Rom wurde der Weihrauch in Gold aufgewogen. Über Tausende von Kilometern wurde er gehandelt; es entstand die „Weihrauchstraße".

Die ägyptische Königin Hatschepsut ließ im 15. Jahrhundert v. Chr. eine Expedition in das Land Punt (vermutlich das heutige Somalia) schicken, um lebende Weihrauchbäume nach Ägypten zu bringen, die neben ihrem Totentempel gepflanzt werden sollten. Dies war der erste bekannte Versuch, lebende Bäume zu importieren.

Die Sammelwirtschaft und der Handel mit Weihrauch haben auf der arabischen Halbinsel und am Horn von Afrika bis heute eine beträchtliche wirtschaftliche Bedeutung. In der heißesten Jahreszeit wird die Rinde der Bäume angeschnitten, das Harz fließt aus und wird einige Wochen später gesammelt. Je nach Größe liefert ein Baum zwischen 3 und 10 kg Harz in einer Saison.

Als eigentlicher Weihrauchbaum wird *Boswellia sacra* genannt. Insgesamt sollen aber bis zu 25 *Boswellia*-Arten zur Gewinnung des Olibanumharzes Verwendung finden.

Steckbrief

Wuchs: Mittelgroßer, baumförmiger, bis zu 5 m hoher Strauch.
Stamm: Schwammig-holzig, basal mit unregelmäßig-kugeliger oder knolliger Verdickung, an denen dünne, Laub tragende Triebe sitzen. Die glatte, blassbräunlich-gelbe Rinde blättert in papierartigen, großen Stücken ab.
Laub: Blätter unpaarig gefiedert mit 5–10 Blattpaaren. Blattränder der Fiederblättchen etwas wellig und unregelmäßig gekerbt.
Blüte: Grünlich weiße, kleine, unscheinbare Blüten, die Staubblätter mit orangerot gefärbten Staubbeuteln.
Früchte: Beerenartige Steinfrüchte.
Herkunft: Arabien, Nord- und Ostafrika, Südwestasien mit arabischer Halbinsel, Wüstengebiete Indiens.

Durch Anritzen der Rinde wird das Weihrauch-Harz gewonnen (Illuminierte Handschrift, islamisch, 11. Jahrhundert, Kopie nach einer in Samarkand um 987/990 entstandenen Vorlage. Illustration zu Pedanios Dioskurides, Peri hyle iatrikes (De Materia medica), ins Arabische übersetzt von Abu 'Abd Allah el-Natili, fol. 12 r. 30,5 ¥ 20,3 cm. Standort: Universiteits Bibliotheek Leiden).

Kultur- und Pflegehinweise

Verwendung: Hübsche Topfpflanze für größere Fensterbänke und Wintergärten. Kann aufgrund ihrer Herkunft sehr gut zusammen mit Kakteen und anderen Sukkulenten gehalten werden.

Seit Alters her ist das Harz des Weihrauchbaumes Räucher- und Heilmittel.

Verfügbarkeit im Handel: Werden noch relativ selten im Handel angeboten. Am besten im Kakteenfachhandel nachfragen.
Standort: Zur artgerechten Entwicklung sind vollsonnige, nach Süden gerichtete Standorte erforderlich. Im Sommer kann es nicht warm genug sein, im Winter reicht die normale Zimmertemperatur.
Gießen: Regelmäßig gießen, wenn die Pflanzen im Laub stehen; absolute Trockenruhe nach dem Laubwurf. Als

mehr oder weniger sukkulente Pflanze reagieren Weihrauchpflanzen auf stehende Feuchte sehr empfindlich, deshalb unbedingt durchlässige Erde zum Umtopfen verwenden, beispielsweise Kakteenerde.
Düngen: Die Nährstoffansprüche sind gering. In den Sommermonaten mit Kakteendünger entsprechend den Angaben auf der Gebrauchsanleitung des Produkts düngen.
Krankheiten und Schädlinge: Auf Woll- und Schildläuse achten!

Myrrhe

Commiphora-Arten

Über die Myrrhe, einem von Pflanzen der Gattung *Commiphora* stammenden Harz, lesen wir an verschiedenen Stellen der Bibel. Die Myrrhe gehörte zu den Geschenken, die die „Weisen aus dem Morgenland" dem Neugeborenen brachten (Matthäus 2,11; siehe Seite 52). Sehr vielseitig ist die Verwendung des Harzes, wie verschiedene Bibelstellen deutlich machen.

Myrrhe als Bestandteil des Heiligen Öls:

Der Herr sprach zu Mose: Nimm dir Balsam von bester Sorte: fünfhundert Schekel erstarrte Tropfenmyrrhe, ... zweihundertfünfzig Schekel wohlriechenden Zimt, zweihundertfünfzig Schekel Gewürzrohr und fünfhundert Schekel Zimtnelken, ... dazu ein Hin Olivenöl, und mach daraus ein heiliges Salböl, eine würzige Salbe, wie sie der Salbenmischer bereitet. Ein heiliges Salböl soll es sein.

2. Buch Mose (Exodus) 30, 22–25

Im Hügelland des Jemen wächst *Commiphora opobalsamum*.

Myrrhe als Schönheitsmittel:

Der Reihe nach wurden alle Mädchen zu König Artaxerxes geholt. Zuvor waren sie, wie es für die Frauen Vorschrift war, zwölf Monate lang gepflegt worden; denn so lange dauerte ihre Schönheitspflege: sechs Monate Myrrhenöl und sechs Monate Balsam und andere Schönheitsmittel der Frauen.

Ester 2,12

Mein Geliebter ruht wie ein Beutel mit Myrrhe an meiner Brust.

Hohelied 1,13

Myrrhe als Räuchermittel:

Wer ist sie, die da aus der Steppe heraufsteigt in Säulen von Rauch, umwölkt von Myrrhe und Weihrauch, von allen Wohlgerüchen der Händler?

Hohelied 3,6

Myrrhe als Betäubungsmittel:

Und sie brachten Jesus an einen Ort namens Golgota, das heißt übersetzt: Schädelhöhe. Dort reichten sie ihm Wein, der mit Myrrhe gewürzt war; er aber nahm ihn nicht.

Markus 15, 22–23

Es entsprach jüdischer Sitte, dass man einem zum Tode verurteilten mit Myrrhe oder Weihrauch gewürzten Wein reichte, um durch die Betäubung seine Schmerzen zu lindern. Jesus wies den Wein aber zurück, weil er den von seinem Vater gereichten Leidenskelch mit klarem Bewusstsein austrinken wollte.

Myrrhe mit Aloe gemischt diente als Mittel zur Einbalsamierung und zur Hemmung des Verwesungsprozesses:

Es kam auch Nikodemus, der früher einmal Jesus bei Nacht aufgesucht hatte. Er brachte eine Mischung aus Myrrhe und Aloe, etwa hundert Pfund. Sie nahmen den Leichnam Jesu und umwickelten ihn mit Leinenbinden, zusammen mit den wohlriechenden Salben, wie es beim jüdischen Begräbnis Sitte ist.

Johannes 19,39–40

Die Myrrhe in anderen Kulturkreisen

Das ganze Altertum bediente sich des Myrrhenharzes als eine kostbare Spezerei, mit der man Könige ehren durfte und deren sich die Könige bedienten; man gebrauchte die Myrrhe beim Einbalsamieren der Leichname, zum Parfümieren der Kleider, ferner als würzigen Zusatz zum Wein.

Das Harz der Myrrhe gehörte zu den Geschenken, die die „Weisen aus dem Morgenland“ dem Neugeborenen brachten.

Der griechische Arzt Dioskurides hat das Harz der Myrrhe eindrucksvoll beschrieben: „Die Myrrhe besteht aus Tropfen, die von selbst oder aus absichtlich gemachten Wunden fließen. Es gibt mehrere, mit verschiedenen Namen bezeichnete Sorten. Aus den fettigen presst man das wohlriechende Myrrhenöl. Die beste Myrrhe ist durchscheinend, grünlich, schmeckt beißend. Sie erwärmt, macht schläfrig, bindet, trocknet, zieht zusammen, wird innerlich und äußerlich gebraucht. Die echte, frische ist zerreiblich, leicht, überall gleichfarbig, doch zerbrochen, inwendig weiß gefleckt; sie besteht aus kleinen Stücken, ist bitter, riecht gut, schmeckt scharf."

In der ägyptischen Volksmedizin wurde Myrrhe zur Behandlung von Wunden und Geschwüren verwendet. In der Medizin sind weitere Verwendungen bekannt, so als Antiseptikum zur lokalen Behandlung leichter Entzündungen der Mund- und Rachenschleimhaut sowie von Prothesendruckstellen, gegen Husten und zur Therapie und Prophylaxe unspezifischer Darminfektionen. Bekannt ist auch die Verwendung als Parfümierungsmittel von Seifen, Lippenstiften, Mundwässern und Zahnpasten. Das Harz wird auf natürliche Weise über Äste und Stämme ausgeschieden, wobei der Ausfluss durch Anritzen der Rinde erhöht werden kann.

Die verschiedenen Myrrhe-Arten sind attraktive, leicht zu pflegende Topfpflanzen.

Steckbrief

Das Myrrhenharz stammt von verschiedenen Arten der Gattung *Commiphora*. Genannt werden insbesondere die Arabische Myrrhe (*C. abyssinica*), die Balsam-Myrrhe oder Balm of Gilead (*C. opobalsamum*) und die Echte Myrrhe (*C. myrrha*, Syn. *C. molmol*).

Wuchs: 3–4 m hohe, sparrig verzweigte, baumartige Sträucher.

Stamm: „Stämme" blattgrünhaltig, schwammig-holzig, an der Basis unregelmäßig oder regelmäßig verdickt, mit dünner, papierartiger Rinde, die im Laufe des Wachstums in kleinen Stücken abblättert.

Laub: Blätter graugrün, relativ groß, meist dreizählig, kurz gestielt. Sie werden während der Trockenzeit abgeworfen (bei uns im Winter).

Blüte: Unscheinbar, schmutzigweiß, in rispenartigen Blütenständen angeordnet.

Früchte: Kleine, olivenähnliche Steinfrüchte mit gelben Samen.

Herkunft: Tropisches und subtropisches Afrika und Madagaskar, einige Arten sowohl in Arabien, Indien als auch Südamerika.

Kultur- und Pflegehinweise

Verwendung: Hübsche, pflegeleichte Zimmerpflanze für breite Fensterbänke oder Wintergärten.

Verfügbarkeit im Handel: Pflanzen erhält man im einschlägigen Kakteen- und Sukkulentenhandel.

„Zerknitterte" Blütenblätter sind das besondere Kennzeichen der Zistrosenblüten.

Standort: Zur artgerechten Entwicklung sind vollsonnige Standorte bei üblichen Zimmertemperaturen erforderlich. Im Winter können die Temperaturen auch bis auf 10 °C absinken.

Gießen: Hinsichtlich der Wasserversorgung wie Kakteen behandeln. In der Wachstumszeit, wenn die Blätter ausgebildet werden, regelmäßig gießen, im blattlosen Zustand nur sporadisch. Damit keine Vernässung auftritt, wird eine durchlässige Kakteenerde verwendet.

Düngen: Während der Wachstumszeit mit einem Kakteendünger entsprechend der Gebrauchanweisung des jeweiligen Produktes.

Krankheiten und Schädlinge: Auf Wollläuse achten.

Grauweiß behaarte Zistrose

Cistus incanus

Myrrhe und Weihrauch sind nicht die einzigen Pflanzen, deren Harze als Heil-, Schönheits- oder Räuchermittel in der Bibel erwähnt werden. Ein in der Bibel Lot oder Ladanum genanntes Harz stammt von der Zistrose (*Cistus*).

Bereits in der Genesis findet das Harz der Zistrosen Erwähnung im Zusammenhang mit Josef, der als Sklave an eine Schar Ismaeliten verkauft wurde, deren Kamele Tragakant, Mastix und Ladanum trugen.

Als sie dann beim Essen saßen und aufblickten, sahen sie, dass gerade eine Karawane von Ismaelitern aus Gilead kam. Ihre Kamele waren mit Tragakant, Mastix und Ladanum beladen. Sie waren unterwegs nach Ägypten.

1. Buch Mose (Genesis) 37,25

Und als Josefs Brüder Jahre später nach Ägypten aufbrechen:

Da sagte ihr Vater Israel zu ihnen: Wenn es schon sein muss, dann macht es so: Nehmt von den besten Erzeugnissen des Landes in eurem Gepäck mit und überbringt es dem Mann als Geschenk: etwas Mastix, etwas Honig, Tragakant und Ladanum, Pistazien und Mandeln.

1. Buch Mose (Genesis) 43,11

Die Zistrose in anderen Kulturkreisen

Die mediterrane Gattung *Cistus* umfasst etwa 20 Arten kleiner Zwergsträucher mit ausgeprägt behaarten Trieben und Blättern. Über diese Haare wird das duftende und bitter schmeckende, dunkelbraune Harz ausgeschieden. Die Nordgrenze der Verbreitung der Zistrose liegt in Südfrankreich, Oberitalien und Istrien. Alle *Cistus*-Arten bedecken oft große Gebiete. In Spanien gehören diese „Gebüsche", die zum Teil auch als Unterwuchs in lichten immergrünen Wäldern auftreten, zu den bemerkenswertesten landschaftlichen Eigenheiten. Häufig sind die Zistrosen auch Bestandteil der Macchien. So prachtvoll die Zistrosengebüsche während der Blütezeit mit ihren weißen oder rosenroten, großen, aber vergänglichen Blüten und dem aromatisch duftenden Blattwerk sind, um so eintöniger erscheinen sie im Verlauf des übrigen Jahres. Willkomm vergleicht die wellige, namentlich von *Cistus ladanifer* besiedelte Sierra Morena dann mit den dunklen Wogen eines düsteren, erstarrten Meeres.

Auf Kreta sammelten die Mönche früher das Ladanum, indem sie lange, dünne, an einem hölzernen Heft befestigte Riemen über die Harz absondernden Pflanzen hinwegzogen, das an den Riemen sich anhängende Harz abschabten und in spiralige Rollen zusammenkneteten. Gesammelt wurde das Harz auch durch Hindurchtreiben von Schafherden und späteres Ablesen aus den Fellen. Damals sagte man: „Das Ladanum habe zwar den schönsten Geruch, stamme jedoch vom übel riechendsten Ort."

Biologisch wirkt die Harzausscheidung wie eine Leimrute, an der sich kriechende Insekten fangen. Zur Sonnenwendfeier sollen auf Korsika Zweige von *Cistus* turmförmig aufgeschichtet und unter Musikbegleitung abgebrannt werden, wobei der harzig-ölige Duft der verbrennenden Zistrosen die Luft noch lange und weithin erfüllt.

Das Ladanum war bereits Herodot und Dioskurides bekannt und stand als zusammenziehendes und Blut stillendes Mittel in hohem Ansehen. Die Hippokratiker gebrauchten es gegen Haarausfall. Heute wird es hauptsächlich in der Parfümindustrie und als Räuchermittel verwendet.

Steckbrief

Wuchs: Kleiner, etwa 1 m hoher, aufrecht wachsender und reich verzweigter Zwergstrauch. Die jungen Triebe sind wie die Blätter lang sternhaarig oder drüsig behaart.
Laub: Blätter gegenständig angeordnet, in der Form eiförmig, an der Spitze spitz bis rund. Blattspreite beiderseits behaart, der Blattrand häufig wellig ausgebildet.
Blüte: Die 5–6 cm breiten, purpurn bis rosa, an der Basis häufig gelblich gefärbten Blüten sitzen in Büscheln zu 3 bis 5 an den Triebenden. Blütenstiel und Kelch sind in der glei-

Durch das silbern glänzende Laub ist *Cistus incanus* auch ohne Blüten sehr attraktiv.

chen Weise behaart wie die Blätter. An heißen Sommertagen verströmen die Zistrosen einen angenehm aromatischen Duft.

Früchte: Als Frucht entwickelt sich eine fünf- oder zehnklappige Kapsel.

Herkunft: Heimisch im gesamten Mittelmeerraum bis Nordafrika.

Kultur- und Pflegehinweise

Verwendung: Attraktive, eher zierliche Kübelpflanzen für Sommerstandorte auf Balkon und Terrasse, mit frostfreier Überwinterung oder ganzjährigem Standort im Wintergarten.

Verfügbarkeit im Handel: Die einzelnen Arten sind sich in ihrem Äußeren und der Blüte sehr ähnlich. Die Trennung der Arten wird durch die zahlreichen natürlichen Bastarde erschwert. Ebenso sind im Laufe der Zeit viele Kulturformen entstanden. Im örtlichen Blumenhandel sind Zistrosen nur gelegentlich im Angebot, in gut sortierten Kübelpflanzengärtnereien sind sie aber in der Regel vorrätig.

Standort im Sommer: Sonnige, warme Standorte im Sommer sind Voraussetzung für eine reiche Blüte.

Standort im Winter: Am meisten Probleme bereitet Zistrosen das Winterquartier. Eine dunkle Überwinterung kommt für die immergrünen Pflanzen nicht in Frage. Geeignet sind Gewächshäuser und Wintergärten, die gut belüftbar sein müssen. Bei stagnierender Luft und hoher Luftfeuchtigkeit kommt es leicht zum Befall durch Grauschimmelpilze. Die Temperaturen sollten zwischen 5 und 10 °C liegen.

Gießen: Im Sommer benötigen sie zwar sehr viel Wasser, sind aber außerordentlich empfindlich gegen Nässe.

Düngen: Nur gut ernährte Pflanzen entwickeln sich zu wirklich schönen Pflanzen und blühen reich. Gedüngt wird von April bis Ende August.

Krankheiten und Schädlinge: Insbesondere im Winter häufiger Befall von Blattläusen. Auch die Weiße Fliege kann lästig werden. Pilzkrankheiten wie Grauschimmel sind in schlecht gelüfteten Winterquartieren häufig.

Mastixstrauch

Pistacia lentiscus

In ganz anderer Weise als der mächtige „heilige" Atlantische Terebinthenbaum (siehe Seite 83) ist der Mastixstrauch eine Pflanze des Heils und der Heilung.

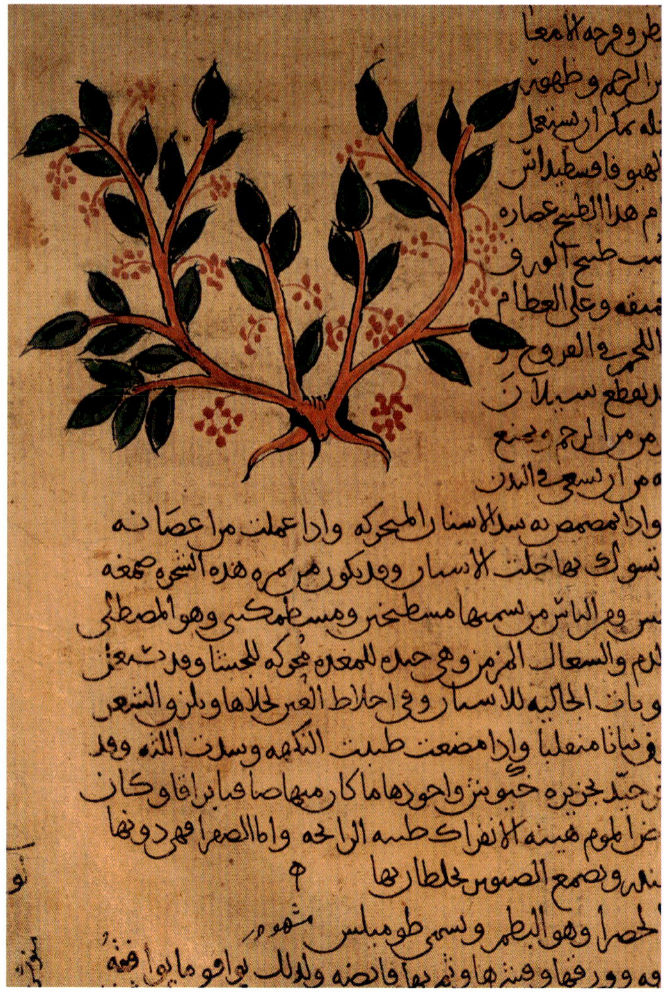

Mastixstrauch (Illuminierte Handschrift, islamisch, 11. Jahrhundert, Kopie nach einer in Samarkand um 987/990 entstandenen Vorlage. Illustration zu Pedanios Dioskurides, Peri hyle iatrikes (De Materia medica), ins Arabische übersetzt von Abu 'Abd Allah el-Natili, fol. 19 r. 30,5 ¥ 20,3 cm. Standort: Universiteits Bibliotheek Leiden).

Der leuchtend rote Fruchtschmuck des Mastixstrauches färbt sich mit zunehmender Reife schwarz.

Der Prophet Ezechiel erwähnt Mastix in seiner Totenklage über die Stadt Tyrus.

Juda und das Land Israel waren deine Händler. Weizen, Oliven, Wachs, Honig, Öl und Mastix gaben sie für deine Handelswaren.

Ezechiel 27,17

David holte sich von Gott den Rat, wie er die feindlichen Philister schlagen könne.

David befragte wieder den Herrn und der Herr antwortete ihm: Zieh nicht hinauf, umgeh sie in ihrem Rücken und komm von den Baka-Bäumen her an sie heran!

2. Buch Samuel 5,23

Mit den Baka-Bäumen sind wahrscheinlich Mastixsträucher gemeint, die im Gebirge Juda häufig vorkommen.

Der Mastixstrauch in anderen Kulturkreisen

Das Mastixharz wurde und wird vielfältig verwendet. Es dient zur Herstellung von Lacken, Firnissen und technisch vielseitig verwendbarem Kitt, zur Herstellung von Klebstoffen für Glas und Porzellan und wird seit Jahrhunderten von Maskenbildnern verwendet. Es ist Bestandteil von Räucherpulvern, dient zum Parfümieren von Tabak, diente als Stopfmittel hohler Zähne und wurde Zahnpulvern zugesetzt.

Bei Tabernaemontanus heißt es: „Mastix im Mund gekäuet/zeucht das Zahnfleisch zusammen/und wann sie geschwollen seyn/so truckt er die Geschwulst nieder."

Im Orient stellte man eine Art Kaugummi her, den man den Haremsdamen gab, damit ihr Atem süß und ihre Zähne weiß wurden.

Ferner besitzt Mastix eine weite Verbreitung als Beigabe zu Gebäcken und Süßigkeiten und zur Bereitung des Mastiki- oder Raki-Branntweins. Für Medikamente wird insbesondere das Harz der Varietät *chia* verwendet. Die Droge war bereits in der Pharaonenzeit bekannt und wurde nach drei Sorten unterschieden. Auch die römischen Schriftsteller Theophrast, Plinius, Dioskurides und Columnella nennen die Droge. Bei den Arabern des Mittelalters stand das Mastiki oder Pastaki in besonders hohem Ansehen. In den mittelalterlichen Arzneibüchern Deutschlands kehrt es vielfach wieder. Früher wurde es zu innerlichem Gebrauch gegen Magenbeschwerden, Durchfall, Erkältungen und Gonorrhöe verordnet. Äußerlich wurde es zur Linderung von Gicht und Rheumatismus eingesetzt.

Die biegsamen Zweige des Strauches sind als Reitgerten beliebt. Junge grüne Triebe sollen in einigen Gegenden in Essig eingemacht und als Salat gegessen werden. Nach der griechischen Sage schmückten sich die Nymphen der Diana mit Zweigen des Mastixstrauches, weil er den Alten als Symbol der Reinheit und Jungfräulichkeit galt. Die Blätter enthalten einen gelben Farbstoff, der zum Färben von verschiedenen Seidenerzeugnissen genutzt wird. Verstorbene wurden mit Mastix-Salbölen eingerieben und gut duftend der Ewigkeit übergeben.

Steckbrief

Wuchs: Dichtbeasteter, immergrüner, zweihäusiger Strauch mit brauner, schuppiger Borke, meist 2–3 m hoch, seltener 4–6 m. Die Rinde der einjährigen Zweige ist hübsch rotbraun gefärbt.
Laub: Die vier- bis zehnzähligen, paarig gefiederten Blätter mit breit geflügelter Mittelrippe setzen sich aus ganzrandigen, ledrig-steifen, etwa 3 cm langen, lanzettlichen, stumpfgrünen, mit einzelnen Rottupfern versehenen Fiederblättchen zusammen.
Blüte: Die dunkelroten, sehr kleinen Blüten stehen achselständig in kurzen, knäuelförmigen Trauben.
Früchte: Die erst roten, dann schwarzen Früchte sehen wie große Pfefferkörner aus.

Pistacia lentiscus ist wegen ihrer Pflegeleichtigkeit eine ideale Wintergartenpflanze.

Herkunft: Verbreitet ist der Mastixstrauch im ganzen Mittelmeergebiet, einschließlich der Kanarischen Inseln. Er zählt zu den bezeichnenden Hartlaubgewächsen der mediterranen Garigue und Macchie.

Kultur- und Pflegehinweise

Verwendung: Herrliche, dabei pflegeleichte Kübelpflanze für Balkon, Terrasse und Wintergarten, die durch ihren Blattschmuck wirkt. Als Kübelpflanze wurde *P. lentiscus* bereits zwischen 1541 und 1560 im Voysell'schen Garten in Breslau gezogen.
Verfügbarkeit im Handel: Im örtlichen Blumenhandel wird der Mastixstrauch nur selten angeboten; in der Regel ist man auf gut sortierte Kübelpflanzengärtnereien angewiesen.
Standort im Sommer: An hohe Lichtintensitäten gewöhnt, kommt aber auch noch im Halbschatten recht gut zurecht. Ständig im Schatten stehende Pflanzen büßen aber an Schönheit ein.
Standort im Winter: Als immergrüne Pflanze hell, am besten im Gewächshaus oder Wintergarten, möglichst nicht über 10 °C.
Gießen: Erde stets mäßig feucht halten, keine Nässe aufkommen lassen.
Düngen: Regelmäßig und reichlich von Anfang März bis Ende August, im Winter nur sporadisch.
Krankheiten und Schädlinge: Von Schädlingen bleibt der Mastixstrauch weitgehend verschont, auf Wollläuse achten.

Echte Aloe

Aloe vera

Nach dem übereinstimmenden Zeugnis der vier Evangelisten bemühte sich Josef von Arimathäa um die Bestattung Jesu. Er, der Mitglied des hohen Rates war, bat Pilatus um die Genehmigung, den Leichnam zu Grabe zu legen. Johan-

Die heilende und gesundheitsunterstützende Wirkung der Echten Aloe ist den Menschen seit Jahrtausenden bekannt (Kupferstich, altkoloriert. Aus: Bertuch, Bilderbuch für Kinder, 6. Bd., Weimar (Landes-Industrie-Comptoir), 1809 (?), Nr. 71. Standort: Slg. Archiv f. Kunst & Geschichte, Berlin).

nes nennt ihn einen Mann, der auf das Reich Gottes wartete, und einen geheimen Jünger Jesu, der aber bisher seine Gesinnung aus Angst vor den Pharisäern verheimlicht hatte. Der Tod Jesu machte ihn zum Bekenner. Hilfe beim Begräbnis bekam Josef von Nikodemus, einem führenden Pharisäer, der Jesu einst bei dunkler Nacht aufgesucht hatte.

Aloe gemischt mit duftender Myrrhe war schon im Altertum ein beliebter Balsam und wurde vielfältig verwendet. Eine besondere Eigenschaft bestand darin, dass der Verwesungsprozess gehemmt wurde.

Es kam auch Nikodemus, der früher einmal Jesus bei Nacht aufgesucht hatte. Er brachte eine Mischung aus Myrrhe und Aloe, etwa hundert Pfund. Sie nahmen den Leichnam Jesu und umwickelten ihn mit Leinenbinden, zusammen mit den wohlriechenden Salben, wie es beim jüdischen Begräbnis Sitte ist.

Johannes 19,38–39

Im Hohelied umschreibt der Liebende seine Geliebte unter anderem mit folgenden Worten:

Ein Lustgarten sprosst aus dir, Granatbäume mit köstlichen Früchten, Hennadolden, Nardenblüten. Narde, Krokus, Gewürzrohr und Zimt, alle Weihrauchbäume, Myrrhe und Aloe, allerbester Balsam.

Hohelied 4,13–14

Nach Psalm 45 wurden königliche Gewänder mit verschiedenen Stoffen behandelt, damit sie gut duften.

Von Myrrhe, Aloe und Kassia duften all deine Gewänder, aus Elfenbeinhallen erfreut dich Saitenspiel.

Psalm 45,9

Die Aloe in anderen Kulturkreisen

Seit Jahrtausenden ist den Menschen die heilende und gesundheitsunterstützende Wirkung der Echten Aloe bekannt. Schriftliche Belege dafür finden sich in vielen bedeutenden Werken der alten Kräutermedizin, von denen die älteste wohl aus dem ägyptischen Heilmittelbuch „Papyrus Ebers“ aus dem Jahre 1500 v. Chr. stammt. Die Ägypter wie später auch die Römer, Griechen und Juden setzten den Saft der Aloe zur Einbalsamierung der Toten und als Wundheilmittel ein.

Aloe vera am Naturstandort in Jordanien – Beweis dafür, dass die Aloe ein wahrer Überlebenskünstler ist.

Auch Alexander der Große (356–323 v. Chr.) ließ verletzte Krieger mit dem Saft der Aloe behandeln, um deren Wunden zu heilen. Berichten zufolge ließ er sogar lebende Pflanzen in Wagen transportieren, die er auf seine Feldzüge mitnahm. Um genügend Nachschub an Heilmitteln für seine verletzten Krieger zu haben, soll Aristoteles Alexander überredet haben, die Insel Sokotra zu erobern, die reich an Aloe-Hainen war. Ähnlich wie Alexander der Große soll später auch Christoph Kolumbus Echte Aloen in Töpfen auf seinen Schiffen mitgeführt haben, um mit deren Saft die Wunden seiner Besatzung behandeln zu können.

Der griechische Arzt Dioskurides schreibt über die Anwendung des Aloesaftes bei zahlreichen Krankheitsbildern, Magen- und Darmbeschwerden, Zahnfleischentzündungen, Gelenkschmerzen und Wundbehandlungen. Hildegard von Bingen berichtet über die heilende Wirkung der Aloe unter anderem bei Gelbsucht, Migräne, Zahnfäule und eitrigen Geschwüren. Der Arzt und Botaniker Leonard Fuchs fasst alle seit alters her bekannt gewordenen Wirkungen der Aloe in seinem „Neuen Kräuterbuch von 1543“ zusammen. Er beschreibt beispielsweise die Magen reinigende Wirkung der Aloe, wenn sie zusammen mit Honig eingenommen wird. Lindernd wirkt ihr Saft darüber hinaus bei Kopfschmerzen, wenn dieser mit Rosenöl und Essig vermischt an Stirn und Schläfen gerieben wird. Selbst gegen Haarausfall soll der mit Wein vermischte Saft ein probates Mittel darstellen, wenn man sich regelmäßig die Kopfhaut damit einreibt. Von einigen Indianerstämmen Amerikas ist bekannt, dass sie sich ihren Körper mit verdünntem Aloesaft einrieben, um bei Wanderungen durch Sumpfgebiete vor Insekten geschützt zu sein. Außerdem verwendeten sie Aloesaft zur Imprägnierung insektenanfälliger Gehölze, wodurch diese jahrelang haltbar gemacht wurden.

Steckbrief

Wuchs: Sukkulente Staude, deren Blätter in einer Rosette angeordnet sind. Ältere Pflanzen können durch Sprossung im Durchmesser mehr als 1 m groß werden.

Laub: Die fleischigen, relativ weichen, blaugrünen Blätter sind bis zu 50 cm lang. Sie sind am Blattgrund 7–8 cm breit und verjüngen sich zur Spitze hin. Oberseits ist das Blatt flach bis leicht rinnig, der Blattrücken hingegen etwas abgerundet. Die Blattränder sind mit etwa 2 mm langen, hornartigen, bleichgrünen Zähnen besetzt.

Blüte: Der traubenartige, aufrechte Blütenstand erreicht eine Höhe von bis zu 1 m. An seinem Ende sitzen die kurz gestielten, etwa 3 cm langen Blüten in den Achseln von Tragblättern. In Kultur blühen die Pflanzen vorwiegend in den Monaten Januar bis April.

Herkunft: Vermutlich liegt die Heimat der Echten Aloe in Arabien. Ausgehend von dort hat sich die Pflanze über den gesamten Mittelmeerraum bis nach Amerika verbreitet. Ein bedeutendes Kulturgebiet war Barbados (der frühe Artname *A. barbadensis* zeugte von der jahrhundertlangen Kultur auf der Insel). Heute ist die Gattung in allen Gebieten der Erde mit wärmerem Klima zu finden, wo sie teilweise verwildert ist.

Kultur- und Pflegehinweise

Verwendung: Neben ihrer zweckorientierten Verwendung als Nutz- und Arzneipflanze ist sie eine hübsche und altbekannte Topfpflanze, die früher in keinem Bauernhaus fehlen durfte. Ältere Pflanzen entwickeln sich zu größeren Kübelpflanzen für Wintergarten, Balkon und Terrasse.

Verfügbarkeit im Handel: Als wiederentdeckte „Trendpflanze“ gehört sie heute zum Standardsortiment des gut sortierten Blumenhandels.

Standort im Sommer: Aloen sind bezüglich des Lichtangebotes recht anpassungsfähig. Sie tolerieren auch schattige Plätze, brauchen aber für eine artgerechte Entwicklung und ein optimales Gedeihen viel Licht an einem möglichst sonnigen Standort. In der Wachstumszeit, den Frühjahrs- und Sommermonaten, kann es nicht warm genug sein.

Standort im Winter: Gerade im Winter sollte der Standort möglichst hell sein, da die Aloe bei uns in der Regel in den Wintermonaten zu blühen beginnt. Generell gilt: Je größer das Lichtangebot ist, desto wärmer können die Pflanzen stehen. Deswegen sollten die Temperaturen an beschatteten Orten 10 °C nicht übersteigen, dürfen an hellen Standorten jedoch bis zu 20 °C betragen.

Gießen: Kein sehr hoher Wasserbedarf. Im Sommer hält man die Erde mäßig feucht und lässt sie zwischendurch hin und wieder abtrocknen. Im Winter weitestgehend trocken halten.

Düngen: In den Monaten März bis September, am besten mit einem Dünger für Kakteen.

Krankheiten und Schädlinge: Aloen bleiben von Krankheiten und Schädlingen weitgehend verschont. Lästig können Woll- und Schmierläuse werden. Bei Vernässung des Substrates kann es zur Stängelgrundfäule kommen.

In Kultur erscheinen die imposanten Blütenstände der Aloe meist in den Monaten Januar bis April.

Früchte, Holz und Faserwerk

Neben den zuvor beschriebenen Bibelpflanzen waren viele weitere Arten von großem Nutzen für die Bevölkerung der Länder der Bibel. Mensch und Vieh nutzen Früchte und andere Pflanzenteile für ihre Ernährung; Bäume lieferten Holz zum Bau von Schiffen, Häusern, Tempeln und Möbeln oder spendeten auch nur Schatten. Aus Stängelwerk und Fasern von holzigen und krautigen Pflanzen wurden Boote gebaut, Seile und Flechtwerk oder auch Papier (Papyrus) und Stoffe (Baumwolle) hergestellt. Andere in der Bibel erwähnte Pflanzen, in der Regel mächtige Baumarten, stehen in Verbindung mit Opferriten und anderen religiösen Bräuchen.

Die Früchte des Johannesbrotbaumes, von denen sich Johannes der Täufer ernährt haben soll.

Johannisbrotbaum

Ceratonia siliqua

Er machte früher in Israel einen wichtigen Bestandteil der dortigen Vegetation aus. Im botanischen Namen *Ceratonia* verbirgt sich das griechische Wort *keration* (= Hörnchen) und nimmt Bezug auf die hornförmig gebogene Hülse des Baumes. Der Trivialname Johannisbrotbaum geht auf Johannes den Täufer zurück, der sich von den Früchten ernährt haben soll.

Johannes trug ein Gewand aus Kamelhaaren und einen ledernen Gürtel um seine Hüften; Heuschrecken und wilder Honig waren seine Nahrung.

Matthäus 3,4

Dazu muss man wissen, dass die meisten Bibelausleger die Meinung vertreten, dass mit Heuschrecken tatsächlich die Früchte des Johannisbrotbaumes gemeint sind. Sie begründen dies mit der Ähnlichkeit der Wörter *hagavim* für Heuschrecken und *haruvim* für Johannisbrotbäume.

Im Gleichnis vom Verlorenen Sohn stellt uns Jesus einen jungen Mann vor, der sein Geld mit einem lockeren Leben verschwendet hatte und nun die Schweine hüten muss – eine entsetzliche Arbeit für einen Juden, für den diese Tiere unrein sind. Schlimmer noch: Er musste sich aus Hunger an das Schweinefutter halten, die Schoten des Johannisbrotbaumes.

Er hätte gern seinen Hunger mit den Futterschoten gestillt, die die Schweine fraßen; aber niemand gab ihm davon.

Lukas 15,16

Schon in der frühchristlichen und arabischen Periode liegen mehrere Berichte von Pilgern über ausgedehnte Anpflanzungen des Johannisbrotbaumes in Palästina und umfangreiche Exporte von Früchten vor. Aufgrund des hohen Gehalts der Früchte an Kohlehydraten war die Johannisbrotbaumkultur auch von strategischer Bedeutung, solange Pferde in den saisonal vegetationsarmen Gebieten des Nahen und Mittleren Ostens bei kriegerischen Auseinandersetzungen als Transportmittel unentbehrlich und zusätzlich auf solche Kraftnahrung angewiesen waren.

Das im 5. Buch Mose enthaltene strikte Fällungsverbot des Baumbestandes, selbst bei Belagerungen unter Kriegsrecht, wird als indirekter Hinweis auf den Johannisbrotbaum verstanden.

Wenn du eine Stadt längere Zeit hindurch belagerst, um sie anzugreifen und zu erobern, dann sollst du ihrem Baumbestand keinen Schaden zufügen, indem du die Axt daran legst. Du darfst von den Bäumen essen, sie aber nicht fällen mit dem Gedanken, die Bäume auf dem Feld seien der Mensch selbst, sodass sie von dir belagert werden müssten. Nur den Bäumen, von denen du weißt, dass sie keine Fruchtbäume sind, darfst du Schaden zufügen. Du darfst sie fällen und daraus Belagerungswerk bauen gegen die Stadt, die gegen dich kämpfen will, bis sie schließlich fällt.

5. Buch Mose (Deuteronomium) 20,19–20

Der Johannisbrotbaum in anderen Kulturkreisen

Neben dem Ölbaum gehört der Johannisbrotbaum zu den prägenden Charakterarten der küstennahen unteren Vegetationsstufe im ostmediterranen Florengebiet. Schon vor etwa 4000 Jahren in Kultur genommen, diente dieser Baum den Menschen mit seinen Früchten als Nahrung und mit seinem Holz als Roh- und Werkstoff. Er hat seitdem eine weltweite Verbreitung gefunden wie nur wenige andere Baumarten.

Durch seine im Alter mächtige, gewölbte, bis zu 15 m breite, dunkelgrüne Krone hebt sich der Johannisbrotbaum – zumal im Spätsommer, Herbst und Winter – von den vorwiegend grauen und braunen Farbtönen seiner ausgetrockneten Umgebung augenfällig ab und vermittelt einen Eindruck von Vitalität und Frische.

Zum ersten Male schriftlich erwähnt ist der Johannisbrotbaum zur Zeit des ägyptischen Pharao Thutmosis III., der im 15. Jahrhundert v. Chr. lebte. Er war der sechste altägyptische König der 18. Dynastie. Dessen Premierminister Rekhmara schildert die Kunst der Möbeltischler bei der Herstellung von Truhen, unter anderem aus dem Holz des Johannisbrotbaumes (Karobenholz). Auf den Listen ägyptischer Feldherren über Kriegsbeute aus eroberten Gebieten, die sich bis Syrien erstreckten, sind Tische und Stühle aus Karobenholz aufgeführt. Auch die Frucht ist in hieroglyphischen Inschriften erwähnt.

Theophrast (390–305 v. Chr.) ist der Baum unter der ionischen Bezeichnung Keronia bekannt. Er beschreibt zutreffend einige der botanischen Merkmale und Eigenschaften.

In dem „Alfabet" des Ben Sira (11. Jahrhundert) ist der Johannisbrotbaum mit seinem aramäischen Namen „charuba" in den Pflanzenlisten der königlichen Gärten des Nebukadnezar, die noch älter sind, aufgeführt.

Bei uns sind die Früchte seit dem Mittelalter als Nahrungsmittel bekannt. „St. Johannsbrodt hat ein süssen Safft bey sich, jedoch mit scharfflicht, flüchtigem mittel, mässig ölichtem Geist vermischet", schreibt Zwinger 1696. Tabernaemontanus schreibt 1771 in seinem Kräuterbuch: „Seine Frucht seyn die lange krumme Schotten/eines Schuhs lang und eines Daumens breit/flach und dick/in welchem ein breiter steinharter Saame liegt: Wenn die Schotten dürr und trocken worden/sind sie eines süßen lieblichen Geschmacks/aber alldieweil sie noch grün und drisch seyn/(Anmerkung: sie sollen giftig sein) haben sie einen unfreundlichen Geschmack."

„Dioskurides schreibt/dass die frische Schotten den Magen gar zuwider seyn/und erweichen den Bauch: Aber die dürre und truckene Schotten sind dem Magen bequem und haben eine Art zu stoppfen. Sie werden aber gar schwärlich verdaut/bleiben lange im Leib/und geben eine Böse Nahrung."

Das Karat

Die harten, flachen Samen wurden früher aufgrund ihres verblüffend einheitlichen Gewichtes von Juwelieren, Gewürzhändlern und Apothekern als kleine Gewichte gebraucht. Der aus dem Arabischen stammende Name Karat ist auf die betreffende Gewichtseinheit übergegangen. Heute hat man das Karat auf 200 mg festgesetzt. Dabei gilt das Karat nur bei den Diamanten als Gewichtseinheit, beim Gold bezeichnet der Begriff „Karat" die Reinheit des Goldes.

Steckbrief

Wuchs: Hinsichtlich der Wuchsform, den Blättern, Blüten und Früchten zeigt dieser immergrüne Baum unter den regional vorkommenden Wildformen und auch zwischen den zahlreichen Kultursorten teilweise ausgeprägte Unterschiede. Die Höhe schwankt meist zwischen 4 und 12 m, seltener werden die Bäume 15 m, in Einzelfällen 20 m hoch. Die Äste verzweigen sich stark und unregelmäßig, sind aufrecht oder leicht hängend und teilweise knorrig, durch die Stammblütigkeit auch stark warzig oder höckerig.

Stamm: Kurz und gedrungen, selten gerade und aufrecht, bis über 1 m dick. Er ist stark hohlkehlig oder spannrückig, im Alter vielfach auch einseitig hohl.

Laub: Blätter wechselständig, 10–20 cm lang, zwei- bis vierpaarig gefiedert. Die verkehrt-eiförmigen, 4–5 cm langen, an der Spitze oft ausgerandeten, oberseits glänzend dunkelgrünen, unterseits rotbraunen Blättchen haben eine derb-lederartige Struktur. Im Austrieb sind die Blätter hübsch rötlich gefärbt.

Blüte: Die 3,5–15 cm langen, traubigen Scheinähren stehen einzeln oder gebüschelt an dem alten Holz (Kauliflorie), weniger an den einjährigen Trieben. Sie bestehen in der Regel aus 20–50, im Extremfall aus 135 Einzelblüten. Die Blüten selbst sind wenig ansehnlich und duften auch nicht so angenehm.

Früchte: Die Frucht ist eine 10–20 cm lange, etwa 3 cm breite, derb-ledrige, braunviolette, oft hornartig ge-

Mit ihrer ansehnlichen Belaubung und ihrem eigenwilligem Wuchs ist *Ceratonia siliqua* eine hübsche Kübelpflanze für die Sommerterrasse oder den Wintergarten.

krümmte Hülse mit weichem, später verhärtendem, süßlichem Fruchtfleisch. Die zahlreichen, flachen, glänzend braunen Samen liegen in von Häuten ausgekleideten Hohlräumen.

Verwendung der Früchte: Der Johannisbrotbaum wird seit Jahrhunderten in vielfältiger Weise genutzt, wobei die Früchte eindeutig im Zentrum des Interesses stehen. In Notzeiten waren die Hülsen mit ihrem herbsüßen Geschmack bei verschiedenen Völkern ein wichtiges Nahrungsmittel. Getrocknet, zerkleinert und geröstet dienten die Schoten bzw. Samen früher als Kaffeeersatz. Eingedickter Fruchtsaft ist unter dem Namen Kaftanhonig bekannt. Der Zuckergehalt der Früchte ist höher als der von Zuckerrohr und Zuckerrüben; er variiert zwischen 40 und 52 %. Die reifen Früchte, aber auch Rückstände aus deren Verarbeitung, dienen auch heute noch verschiedentlich als Kraftfutter für Weidevieh und Pferde. Aus den Samen wird ein Mehl gewonnen, das wegen seiner hohen Quellfähigkeit als Dickungsmittel in kalorienreduzierten Nahrungsmitteln, in Geliermitteln und als Stabilisator in der Nahrungs- und Genussmittelindustrie sowie bei Arzneimitteln und kosmetischen Produkten eingesetzt wird. Verschiedene Bestandteile aus Johannisbrot finden als Zusatzstoffe in der Papier- und Textilindustrie, als Schmier- und Gleitmittel und als Feuchtigkeitsbinder bei Sprengstoffen Verwendung. Die Samen dienen zur Erzeugung des Tragasols, einem Appreturmittel. Auf den Balearen gewinnt man aus den Früchten einen bekömmlichen Schnaps.

Herkunft: Als geographischer Ursprung des Johannisbrotbaumes wird die Arabische Halbinsel vermutet. Die Verbreitung der Pflanze im gesamten Mittelmeerraum fand schon in vorchristlicher Zeit statt. In Israel trifft man den Baum häufig in der Küstenebene und dem angrenzenden Vorgebirge sowie an den Osthängen Galiläas und Samariens an. Angebaut wird der Johannisbrotbaum in Mexiko, Nord- und Südamerika, Indien, Ostasien und Australien.

Kultur- und Pflegehinweise

Verwendung: Wunderschöne Kübelpflanze für Balkon, Terrasse und Wintergarten. Bereits um 1570 kam sie ins nördliche Europa und wurde zu einer beliebten Orangeriepflanze. Sie hat zwar keine auffallenden Blüten, wirkt aber durch Wuchs und Belaubung so schön, dass ihr eine weitere Verbreitung zu wünschen ist.

Verfügbarkeit im Handel: Im örtlichen Blumenhandel sind Pflanzen eher selten im Angebot. Auf Kübelpflanzen spezialisierte Händler haben den Johannisbrotbaum allerdings regelmäßig im Angebot.

Standort im Sommer: Zur artgerechten Entwicklung am besten vollsonnig, gedeiht aber auch im Schatten noch recht gut.

Standort im Winter: Als immergrüne Pflanze möglichst hell, gut ist ein Gewächshaus oder Wintergarten. Dunkle Räume sind nicht geeignet. Ideal ist ein Temperaturbereich zwischen 5 und 10 °C.

Gießen: Substrat mäßig feucht halten. Erfahrungsgemäß sterben die Pflanzen eher infolge von Übernässung ab, als dass sie vertrocknen. Zu beachten ist, dass Johannisbrotbäume Kalk im Wasser und im Substrat auf Dauer nicht vertragen.

Düngen: Von März bis September.

Krankheiten und Schädlinge: Schädlinge und Krankheiten sind dem Johannisbrotbaum fast völlig fremd; man sollte aber auf eingeschleppte Wollläuse achten.

Weißer und Schwarzer Maulbeerbaum

Morus alba und *Morus nigra*

Die Maulbeeren – es gibt zwölf verschiedene Arten – sind nahe mit den Feigen verwandt. In der Bibel wird eine der Arten erwähnt, und zwar die Schwarze Maulbeere (*Morus nigra*), deren brombeerähnliche Früchte vielfach verwendet werden. Ursprünglich heimisch im nördlichen Persien und an der Küste des Kaspischen Meeres, wurde die Schwarze Maulbeere schon lang vor Christi Geburt auch in das Land der Bibel gebracht.

Im Lukas-Evangelium findet der Schwarze Maulbeerbaum im Zusammenhang mit dem Gleichnis von der Macht des Glaubens Erwähnung.

Die Apostel baten den Herrn: Stärke unseren Glauben! Der Herr erwiderte: Wenn euer Glaube auch nur so groß wäre wie ein Senfkorn, würdet ihr zu dem Maulbeerbaum hier sagen: Heb dich samt deinen Wurzeln aus dem Boden und verpflanz dich ins Meer!, und er würde euch gehorchen.

Lukas 17,5–6

Im ersten Buch der Makkabäer spielt die Schwarze Maulbeere im Zusammenhang mit der Kriegsführung eine Rolle.

Den Elefanten hielt man den Saft von Trauben und Maulbeeren vor, um sie zum Kampf zu reizen.

1. Makkabäer 6,34

Vermutlich gab man den Elefanten keinen frischen, sondern einen vergorenen Saft, um sie in Unruhe zu versetzen. Von Bedeutung war darüber hinaus sicherlich auch die psychologische Wirkung auf die Gegner, die durch die blutrot gefärbten Rüssel und Stoßzähne der Kampfelefanten in Angst und Schrecken versetzt wurden.

Die Weiße Maulbeere (*Morus alba*) wird in der Bibel nicht als Pflanze erwähnt. Erwähnung findet aber Seide. Der Seidenfaden wird von Raupen produziert, die sich ausschließlich von den Blättern der Weißen Maulbeere ernähren.

Mit Gold und Silber konntest du dich schmücken, in Byssus, Seide und bunte Gewebe dich kleiden. Feinmehl, Honig und Öl war deine Nahrung. So wurdest du strahlend schön und wurdest sogar Königin.

Ezechiel 16,13

Der imposante Stamm eines alten Exemplares vom Schwarzen Maulbeerbaum (*Morus nigra*) in Picton Garden (GB).

Maulbeerbäume in anderen Kulturkreisen

Der in Vorderasien heimische Schwarze Maulbeerbaum kam schon sehr früh nach Europa. Er war bereits Theophrast und Plinius bekannt, und auch Horaz, Vergil und Columnella erwähnen ihn. In Pompeji findet sich eine bildliche Darstellung der Schwarzen Maulbeere. Bei den Griechen war *Morus nigra* dem Pan geheiligt und galt als Symbol der Klugheit, da er seine Knospen erst entfaltet, wenn keine Kälte mehr zu befürchten ist. Plinius bezeichnet ihn deshalb als „*sapientissima arborum*“, den „Weisesten der Bäume“. Taoistische Priester sollen aus dem Harz des Pfirsichbaumes („Yang“) durch Mischen mit der Asche des Maulbeerbaumes eine Arznei hergestellt haben, die sie „Pillen der Unsterblichkeit“ nannten.

Der Weiße Maulbeerbaum ist als Seidenraupen-Futterpflanze in Asien seit ungefähr 4500 Jahren in Kultur, in Europa vor allem im Mittelmeergebiet seit dem 11. und 12. Jahrhundert. Aber auch in Deutschland, Österreich und der Schweiz wurden Maulbeerbaumpflanzungen angelegt. Die ersten Pflanzungen Deutschlands dürften aus dem 16. Jahrhundert stammen. Zur Zeit Friedrich des Großen (1740–1786) gaben die hohen Preise der Rohseide Anlass, die Seidengewinnung auch nördlich der Alpen zu versuchen, so beispielsweise in Westpreußen, Schlesien und Brandenburg. In Hannover wurden zur selben Zeit Pflanzungen angelegt, so unter anderem 1764 bei Celle, Herrenhausen, Pattensen und Koldingen. In Nürnberg und Regensburg versuchte man in den Jahren 1825–1837 die Maulbeer- und Seidenraupenzucht. Nach J. Wilde (1936) hieß *M. alba* in der Pfalz „allgemein“ Zwing-uff, da unter der Herrschaft des Kurfürsten Karl Theodor (1733–99) die pfälzischen Bauern teilweise mit Gewaltmaßnahmen gezwungen wurden, den Weißen Maulbeerbaum anzupflanzen.

Steckbrief zum Weißen Maulbeerbaum

Wuchs: Ein 10–15 m hoher, meist kurzstämmiger Baum mit sparriger, runder Krone.

Die Blätter von *Morus alba* dienen den Seidenraupen als Futter.

Laub: Blätter sommergrün, 6–12 cm lang, breit-eiförmig, oberseits hellgrün und ziemlich glatt, Blattränder grob gezähnt und sehr verschieden gelappt.
Blüte: Blüten eingeschlechtlich einhäusig. Die männlichen Blütenstände ährig, länglich, walzig, gestielt, die weiblichen sind nur halb so lang (5–10 mm).
Früchte: Aus den weiblichen Blütenständen entwickelt sich ein brombeerartiger Sammelfruchtstand. Die Früchte färben sich weiß, rosa oder purpurviolett, sie schmecken süßlich, sind aber sonst sehr fade.

Herkunft: Ursprüngliche Heimat ist China. In Europa seit dem 11. und 12. Jahrhundert in Kultur. Die Nordgrenze für die Maulbeerkultur verläuft in Europa in Norwegen, ihr Schwerpunkt liegt heute am Nordsaum der Mittelmeerländer.

Steckbrief zum Schwarzen Maulbeerbaum

Wuchs: Bis zu 15 m hoher Baum, meist größer als *M. alba*. Krone dicht gedrungen, mit kurzen, flaumig behaarten, hellroten Zweigen. Rinde graubraun, rissig.
Laub: Blätter sommergrün, wechselständig, 6–12 cm lang, 7–15 cm breit, derb, oberseits sehr rau, meist ungeteilt oder unregelmäßig gelappt, Rand grob gesägt, am Grunde ziemlich gleichseitig, abgerundet oder herzförmig.
Blüte: Männliche Blütenstände etwa 2,5 cm lang, 1 cm lang gestielt; die weiblichen halb so lang, kurz gestielt oder fast sitzend.
Früchte: Die weiblichen Blüten entwickeln sich zu 2–2,5 cm langen, brombeerartigen, purpurfarbenen bis schwarzvioletten Sammelfruchtständen. Die Fruchtreife beginnt Mitte Juli und dauert bis Ende September.
Verwendung der Früchte: Die Früchte werden roh und gekocht gegessen, zu Gelee, Konfitüren, Saft und Sirup verarbeitet. Maulbeersirup soll bei Fieber, Verdauungs- und Herzkreislaufstörungen sowie bei Entzündungen der Schleimhäute in Hals und Mundhöhle helfen. Im Mittelalter stellte man aus den Früchten Maulbeerbaumwein her (*Vinum moratum*). Getrocknete Früchte mit nur noch 15 % Wassergehalt können recht gut gelagert werden, sie schmecken gut und färben stark. Der aus ihnen gewonnene Tee wird unter anderem zur Linderung von Mundhöhlenentzündungen eingesetzt. Der intensiv rot gefärbte Fruchtsaft wird auch in der Süßwarenindustrie und bei der Weinerzeugung (zum „Schönen“) als natürliches Färbemittel eingesetzt.
Herkunft: Ursprünglich heimisch in der Region vom Kaukasus bis nach Mittelasien, in Kleinasien, Südeuropa und Nordamerika eingebürgert. Auch in Deutschland in klima-

tisch begünstigten Gegenden, beispielsweise in der Pfalz. Stellenweise, etwa um Speyer, kommt die Art verwildert vor.

Kultur- und Pflegehinweise

Verwendung: Beide Arten lassen sich in unseren Gärten als Zierbäume verwenden, der Schwarze Maulbeerbaum auch als Nutzpflanze. Der Weiße Maulbeerbaum ist auf Grund seiner Größe ein idealer Hausbaum für unsere doch meist kleinen Grundstücke. Grundsätzlich ist aber auch die Verwendung als Kübelpflanze möglich.
Verfügbarkeit im Handel: Maulbeerbäume sind in gut sortierten Baumschulen überall erhältlich. Von *Morus alba* gibt es auch bei uns eine Reihe von Kulturformen. Neben besonders großblättrigen findet man schmal-aufrecht wachsende, hängende, besonders kleinwüchsige und auch buntblättrige Formen. Auch von der Schwarzen Maulbeere existieren einige Sorten.
Standort: Der Standort sollte sonnig, warm und geschützt sein. In rauen Lagen sollte man auf Maulbeerbäume lieber verzichten. Hier bietet sich die Kübelpflanzenkultur mit frostfreier Überwinterung an. Als Böden werden nährstoffreiche und tiefgründige Böden bevorzugt. Staunässe unbedingt vermeiden!
Krankheiten und Schädlinge: Soweit die Standortansprüche erfüllt werden, sind Maulbeeren weitgehend frei von Krankheiten und Schädlingen.

Vielfältig ist die Verwendung der Früchte des Schwarzen Maulbeerbaumes. Sie unterscheiden sich im Aussehen kaum von den Früchten der Weißen Maulbeere.

Manna

Als die Kinder Israels Ägypten verlassen hatten, sich in der Wüste Nahrungsknappheit abzeichnete und das Volk darum zu murren begann, sandte Jahwe abends Unmengen von Wachteln, morgens das Manna, das unter dem Tau auf dem Land lag.

Der Herr sprach zu Mose: Ich habe das Murren der Israeliten gehört. Sag ihnen: Am Abend werdet ihr Fleisch zu essen haben, am Morgen werdet ihr satt sein von Brot und ihr werdet erkennen, dass ich der Herr, euer Gott, bin. Am Abend kamen die Wachteln und bedeckten das Lager. Am Morgen lag eine Schicht von Tau rings um das Lager. Als sich die Tauschicht gehoben hatte, lag auf dem Wüstenboden etwas Feines, Knuspriges, fein wie Reif, auf der Erde. Als das die Israeliten sahen, sagten sie zueinander: Was ist das? Denn sie wussten nicht, was es war. Da sagte Mose zu ihnen: Das ist das Brot, das der Herr euch zu essen gibt.

2. Buch Mose (Exodus) 16,11–15

Manna, das „Brot vom Himmel", gehört aus biblischer Sicht in den Bereich der Wunder. Aber das Brot vom Himmel ist nicht das einzige Beispiel aus der Bibel dafür, dass auch Wunder tief in der Wirklichkeit verwurzelt sein können.

Das Manna der Bibel könnte, so die Ansicht einiger Wissenschaftler, von einer Tamariske (*Tamarix nilotica*, siehe auch Seite 80) stammen. Durch die Lebenstätigkeit einer Schildlaus veranlasst, scheiden die Pflanzen an den Stichstellen ein schmutziggelbes, süß schmeckendes Sekret auf den Blättern und Zweigen aus, den so genannten Mannazucker. Diese Substanz wird seit Jahrtausenden von der Bevölkerung gesammelt und als Nahrungsmittel verwendet. Diese Theorie, die das Manna als den Honigtau von Läusen identifiziert haben will, wird auch in Verbindung mit anderen Pflanzen gebracht, beispielsweise mit *Hammada salicornia*, einer Salzpflanze, die im südlichen Sinai weit verbreitet ist und deren süße Ausscheidungen von den Beduinen nachweislich als Süßstoff verwendet wird.

Nach einer anderen Theorie könnte das biblische „Manna" auch eine Flechte gewesen sein. Diese Flechte mit dem Namen *Sphaerothallia esculenta*, die von den Nomadenvölkern Arabiens in großen Mengen zusammengetragen und teils zur eigenen Ernährung, teils als Futter für die Kamele verwendet wird (sie enthält 32 % Kohlenhydrate und 4 % Fett und soll schwach süß schmecken), wird bei Wüstenstürmen oft weit weggetragen und fällt dann als „Regen" nieder.

Wie heißt es doch im 2. Buch Mose:

Da sprach der Herr zu Mose: Ich will euch Brot vom Himmel regnen lassen. Das Volk soll hinausgehen, um seinen täglichen Bedarf zu sammeln. Ich will es prüfen, ob es nach meiner Weisung lebt oder nicht.

2. Buch Mose (Exodus) 16,4

In der Rede über das Himmelsbrot in der Synagoge von Kafarnaum nimmt Jesu auf das Brot vom Himmel Bezug.

Unsere Väter haben das Manna in der Wüste gegessen, wie es in der Schrift heißt: Brot vom Himmel gab er ihnen zu essen. Jesus sagte zu ihnen: Amen, amen, ich sage euch: Nicht Mose hat euch das Brot vom Himmel gegeben, sondern mein Vater gibt euch das wahre Brot vom Himmel. Denn das Brot, das Gott gibt, kommt vom Himmel herab und gibt der Welt das Leben.

Johannes 6,31–33

Tamarix parviflora gehört zu den bei uns frostbeständigen Arten.

Tamarisken

- **Blattlose Tamariske (*Tamarix aphylla*)**
- **Nil-Tamariske (*Tamarix nilotica*)**

Stattliche Tamarisken der Arten *T. aphylla* und *T. nilotica* sind über das gesamte Sandgebiet des Negev verbreitet. Dort wurden und werden sie von den Wüstenbeduinen wegen des Schattens, den sie spenden, und wegen der weichen und zarten Zweige, die ihren Herden als Futter dienen, angepflanzt. Sie bleiben das ganze Jahr über auch in der stärksten Hitze grün und saftreich und bieten dem Auge des Reisenden in der Dürre und Öde eine wohltuende Abwechselung.

Abraham pflanzte einen Tamariskenbaum in Beerscheba.

Abraham aber pflanzte eine Tamariske in Beerscheba und rief dort den Herrn an unter dem Namen: Gott, der Ewige.

1. Buch Mose (Genesis) 21,33

Saul saß mit dem Speer in der Hand unter einer Tamariske, als er von Davids Rebellion gegen ihn hörte.

Saul hörte, David und die Männer, die er bei sich hatte, seien entdeckt worden. Er saß gerade in Gibea unter der Tamariske auf der Höhe. Er hatte den Speer in der Hand und alle seine Diener standen um ihn herum.

1. Buch Samuel 22,6

Später, als Saul und seine drei Söhne in der Schlacht fielen, hängten die triumphierenden Philister ihre Leichen an der Stadtmauer von Bet-Schean auf. Doch Sauls Männer nahmen sie und beerdigten die Leichname ehrenhaft unter einem Tamariskenbaum.

Dann nahmen sie die Gebeine, begruben sie unter der Tamariske von Jabesch und fasteten sieben Tage lang.

1. Buch Samuel 31,13

Tamarisken in anderen Kulturkreisen

Die etwa 50 Arten der Gattung *Tamarix* gehören zu den Charakterarten der Steppen- und Wüstengebiete der Alten Welt. Ihre Verbreitung erstreckt sich von Zentralasien bis zum Mittelmeergebiet. Einige dringen bis nach Mittelafrika, andere bis nach Vorderindien vor. Viele der Tamarisken, so auch die israelischen Arten, leben auf Salzböden. Sie scheiden auf ihren Laubblättern so bedeutende Salzmengen ab, dass sie zur Salzgewinnung genutzt werden. Am Morgen pflegen diese Krusten so viel Wasser anzuziehen, dass die Laubblätter völlig wie mit Perlen bedeckt sind. Verschiedene Botaniker nehmen an, dass das auf dem Salz sich niederschlagende Wasser von der Pflanze aufgenommen wird.

Der wirtschaftliche Wert der Tamarisken ist vergleichsweise unbedeutend und beruht teilweise auf der lokalen Salzgewinnung sowie auf einigen weiteren Erzeugnissen. Die Araber gerben mit den Gallen von *T. aphylla* ihre Schaf- und Ziegenhäute, die dadurch eine rosa-purpurne Färbung annehmen. Gallen von anderen Arten, so von *T. articulata*, als Takut oder Téggaut bekannt, werden in Nordafrika zum Schwarzfärben verwendet. In Indien werden die Blüten von Tamarisken als Haarschmuck getragen, während man das Holz zu kleinen Ornamenten verarbeitet.

Tamarix nilotica besaß und besitzt eine große Bedeutung als Futterpflanze für Kamele und Ziegen der örtlichen Beduinenstämme, besonders in den trockenen Sommermonaten, wenn andere Pflanzen nicht zur Verfügung stehen. Des Weiteren wird das Holz als Bau- und Brennmaterial verwendet.

Über eine Art der Verwendung von Tamariskenstrauchwerk berichtet Herodot, indem er die Fahrt der Boote nilabwärts beschreibt: „Eine viereckige Platte von Tamariskenstrauchwerk, die mit einer Hürde von Rohr zusammengeflochten und mit einem Stricke an das Seil gebunden ist, treibt vor demselben, um bei niederem Wasserstande die stärkste Strömung und auch das beste Fahrwasser anzudeuten."

Steckbrief

Wuchs: Die Blattlose Tamariske (*T. aphylla*) ist ein immergrüner, meist mehrstämmig wachsender, 10–12 m hoher Baum. Wesentlich kleiner bleibt die zweite in Israel verbrei-

Die rosafarbenen Blütenrispen der Tamarisken erscheinen am einjährigen Holz der Pflanzen.

Die Atlantische Terebinthe (*Pistacia atlantica*) in einem Wadi am heimatlichen Standort.

tete Nil-Tamariske (*T. nilotica*). Die dünnen Triebe hängen zierlich über, die Krone ist meist breit ausladend.
Laub: Die schuppenförmigen, kleinen Blätter liegen wechselständig, sich dachziegelartig überdeckend (heideartig) eng den Ästen an und färben sich bläulich. Aufgrund von salzigen Ausscheidungen können sie später gräulich werden.
Blüte: Die kleinen, weißen oder rosafarbenen Blüten stehen in schmalen Trauben, die sich zu auffallenden, aber zierlich gestalteten Rispen vereinigen. Sie bilden sich an den diesjährigen Zweigen.
Früchte: Die Frucht ist eine unauffällige, kleine Kapsel.
Herkunft: Ostafrika, Sudan, Ägypten.

Kultur- und Pflegehinweise

Verwendung: *Tamarix aphylla* und *T. nilotica* sind bei uns im Handel nicht erhältlich. Als Alternative zu den biblischen *Tamarix*-Arten bieten sich die bei uns winterharten Arten *T. parviflora* und *T. tetrandra* an, die beide im Frühjahr blühen.

Beide Arten unterscheiden sich im Äußeren kaum von den biblischen Arten. Sie sind sehr auffallende, feine, effektvolle Pflanzen für Einzelstellungen und besonders schöne Blütensträucher. Den ganzen Sommer über fallen sie durch ihre heidekrautähnliche Belaubung und ihren lockeren, oft überhängenden Wuchs auf.
Verfügbarkeit im Handel: *T. parviflora* und *T. tetrandra* sind in Baumschulen erhältlich.
Standort: Brauchen volle Sonne. Geeignet sind alle guten, lockeren Gartenböden, tonige Böden sollte man mit Sand verbessern.
Krankheiten und Schädlinge: Nennenswerte Krankheiten und Schädlinge treten nicht auf.

Atlantische Terebinthe

Pistacia atlantica

Im Negev und in Galiläa, aber auch vereinzelt im übrigen Land findet man immer wieder einzeln oder in kleinen Hainen stehende Terebinthen. Neben der Tabor-Eiche, mit denen die Atlantische Terebinthe in Bibelübersetzungen (beispielsweise bei Luther) häufig verwechselt wird, ist diese Baumart die mächtigste unter den Bäumen Palästinas. Mit ihren weit ausladenden Zweigen bietet sie in der Mittagshitze Schatten und Schutz vor der gleißenden Sonne. Jesus Sirach kann daher formulieren:

Ich breitete wie eine Terebinthe meine Zweige aus und meine Zweige waren voll Pracht und Anmut.

Jesus Sirach 24,16

Der schützende Charakter der Terebinthe einerseits und die häufig anzutreffende Einzelstellung des Baums auf dem Gipfel eines Hügels andererseits führten dazu, dass die Terebinthe zum Inbegriff eines heiligen Baumes wurde. Zusammen mit einem einfachen Steinaltar und einem aufgerichteten Stein, der eine Gottheit repräsentieren sollte, gehörte sie zu der Grundausstattung der so genannten „Kulthöhen". Im Zusammenhang mit einer solchen Kultstätte erwähnt der Prophet Hosea die dichtbelaubte Terebinthe.

Sie feiern Schlachtopfer auf den Höhen der Berge, auf den Hügeln bringen sie Rauchopfer dar, unter Eichen, Storaxbäumen und Terebinthen, deren Schatten so angenehm ist. So werden eure Töchter zu Dirnen und eure Schwiegertöchter brechen die Ehe.

Hosea 4,13

Als „heilige" Bäume waren Terebinthen auch Orte für Bestattungen.

Als die Einwohner von Jabesch-Gilead hörten, was die Philister mit Saul gemacht hatten, brachen alle kriegstüchtigen Männer auf, nahmen die Leiche Sauls und die Leichen seiner Söhne und brachten sie nach Jabesch. Sie begruben ihre Gebeine unter der Terebinthe in Jabesch und fasteten sieben Tage lang.

1. Buch der Chronik 10,11–12

Die Atlantische Terebinthe als Nutzpflanze

Einen großen Nutzwert hat die Atlantische Terebinthe nicht. Allerdings soll auch aus ihr Mastix (siehe Seite 60) und Terpentin sowie aus den Samen Terebinthenöl gewonnen werden. Das feste, dichte, politurfähige Holz, das im holzarmen Mittelmeergebiet meist als Brennholz dient, wird bisweilen zu Drechslerwaren verarbeitet. Die durch ein Insekt erzeugten, großen, horn- oder schotenartigen, oft schraubig gedrehten und in der Mitte aufgeblasenen Blattgallen werden als Pistazien- oder Terpentingallen, „Carobbe die Giudea" oder Judenschoten bezeichnet und zum Färben von Seide und Wein (beispielsweise in Ungarn) verwendet. Seltener dienen sie zum Gerben von Saffianleder.

Steckbrief

Wuchs: Immergrüner, bis zu 20 m hoher Baum mit aufrecht ausgebreiteter, reicher Verästelung und gelbgrauer, kleinschuppiger Borke. Die einjährigen, olivgrünen, glatten und runden Triebe duften aromatisch.
Laub: Blätter 10–20 cm lang, dunkelgrün glänzend, unpaarig gefiedert, Stiel bis zu 8 cm lang, Duft harzig.
Blüte: Die zweihäusigen, kleinen, grünen Blüten stehen in kleinen Rispen auf kurzen Stielen.
Früchte: Die kleinen Steinfrüchte sind anfangs rot, später bräunlich.
Herkunft: Makronesien, Nordafrika bis Pakistan.

Kultur- und Pflegehinweise

Verwendung: Vorzügliche Dekorations- und Kübelpflanze für kühle, helle Räume und Wintergärten, im Sommer auch für Balkon und Terrasse. Auch zur Bonsaigestaltung geeignet.
Verfügbarkeit im Handel: *Pistacia atlantica* ist in der Regel nur in speziellen Kübelpflanzengärtnereien und dann nur auf Nachfrage erhältlich. In italienischen Baumschulen wird sie regelmäßig angeboten. Als Alternative könnte auch die ähnliche, allerdings nur sommergrüne *P. terebinthus* genommen werden.
Standort im Sommer: Terebinthen sind an hohe Lichtintensitäten gewöhnt und benötigen zur artgerechten Entwicklung sonnige Plätze.
Standort im Winter: Die Überwinterung muss hell, am besten im Gewächshaus oder Wintergarten erfolgen. Die Laub abwerfende *P. terebinthus* kommt auch mit wenig Licht gut über den Winter. Die Temperaturen sollten während der Überwinterung möglichst 10 °C auf Dauer nicht überschreiten.

Oben: *Pistacia atlantica* als Kübelpflanze.

Unten: *Pistacia terebinthus* als Bonsai.

Gießen: Im Sommer stets mäßig feucht halten. Es darf keine Nässe aufkommen, da dann sehr schnell die Wurzeln abfaulen. Im Winter nur sporadisch gießen, Blattfall ist oft die Folge überhöhter Wassergaben.
Düngen: Hoher Nährstoffbedarf, von Anfang März bis Ende August regelmäßig düngen.
Krankheiten und Schädlinge: Von Schädlingen bleiben Terebinthen weitgehend verschont. Im Frühjahr muss man an den jungen Trieben auf Blattläuse achten.

Eichen

- **Tabor-Eiche (*Quercus ithaburensis*)**
- **Kermes-Eiche (*Quercus coccifera* var. *calliprinos*)**

Rund 450 Arten umfasst die auf der ganzen Welt verbreitete Eichengattung. Vier Eichenarten sind auch in Israel verbreitet: *Q. boissieri*, *Q. coccifera* var. *calliprinos*, *Q. cerris* und *Q. ithaburensis*. Von ihnen werden die Tabor-Eiche und die Kermes- oder Abrahams Eiche des Hebron in der Bibel erwähnt.

Neben der Atlantischen Terebinthe (siehe Seite 83) hat die Tabor-Eiche in der Bibel den Status eines heiligen Baumes. Das Alte Testament berichtet mehrfach von derartigen Eichen.

Josua hatte das Volk Israel unmittelbar nach Beendigung der Landnahme an dem Heiligtum in Sichem versammelt. Dort forderte er es dazu auf, nicht die fremden Götter des Kulturlandes, sondern weiterhin den angestammten Gott Jahwe, der Israel aus Ägypten herausgeführt hat, anzubeten und zu verehren. Als sich das Volk bereit erklärt hatte, allein den Herrn zu verehren, stellte Josua einen Stein unter der Eiche des Heiligtums von Sichem auf.

Die Kermes-Eiche (*Quercus coccifera* var. *calliprinos*) ist eine wichtige Wirtspflanze der Kermeslaus.

Josua schrieb alle diese Worte in das Buch des Gesetzes Gottes und er nahm einen großen Stein und stellte ihn in Sichem unter der Eiche auf, die im Heiligtum des Herrn steht. Dabei sagte er zu dem ganzen Volk: Seht her, dieser Stein wird ein Zeuge sein gegen uns; denn er hat alle Worte des Herrn gehört, die er zu uns gesprochen hat. Er soll ein Zeuge sein gegen euch, damit ihr euren Gott nicht verleugnet. Dann entließ Josua das Volk, einen jeden in seinen Erbbesitz.

Josua 24,26–28

Dieselbe Eiche wird bereits in den Vätererzählungen erwähnt. Bevor Jakob mit seiner Familie nach Bet-El zog, vergrub er unter der Eiche von Sichem alle fremden Götterbilder und Ohrringe.

Sie übergaben Jakob alle fremden Götter, die sie hatten, und die Ringe an ihren Ohren. Jakob vergrub sie unter der Eiche bei Sichem,

1. Buch Mose (Genesis) 35,4

Das Vergraben von Götterbildern an einer heiligen Stätte stellte eine bewusste Abwendung von der bisher praktizierten Glaubenshaltung dar. Abgelegte Kultbilder dufte man nicht einfach wegwerfen oder einschmelzen. Da man ihnen weiterhin eine mächtige Wirkung zuschrieb, mussten sie an einem heiligen Ort kultisch bestattet werden.

Die Tabor-Eiche mit ihren tief herabhängenden Zweigen spielt in einer weiteren Geschichte noch eine zentrale Rolle. Als Absalom vor Davids Leuten auf seinem Maultier floh, verfingen sich seine Haare in den Zweigen einer Eiche, so dass er sich nicht mehr befreien konnte. Der wohltuende Schattenspender wurde so zu einer Tod bringenden Gefahr.

Plötzlich kam Abschalom in das Blickfeld der Krieger Davids; er ritt auf einem Maultier. Als das Maultier unter den Ästen einer großen Eiche hindurchlief, blieb Abschalom mit dem Kopf fest an der Eiche hängen, sodass er zwischen Himmel und Erde schwebte und das Maultier unter ihm weglief.

2. Buch Samuel 18,9

Gerade weil die Eiche normalerweise ein kräftiger und durch nichts zu erschütternder Baum war, konnte sie auch als Bild für den Niedergang Israels herangezogen werden. An zwei Stellen greift der Prophet Jesaja den welkenden oder sogar den abgehauenen Eichenbaum auf, um damit deutlich zu machen, wie vernichtend der Untergang des Volkes sein wird.

Ihr werdet in Schande stürzen wegen der Eichen, die euch gefallen, und werdet euch schämen wegen der (heiligen) Haine, die ihr so gern habt. Ihr werdet wie eine Eiche, deren Blätter verwelken, und wie ein Garten, dessen Wasser versiegt ist. Dann wird der Starke zu Werg und sein Tun zum zündenden Funken; beide verbrennen zusammen und niemand kann löschen.

Jesaja 1,29–31

Eichen sind in der Bibel auch Symbole für Kraft, Stolz und Ruhm und waren Bestattungsorte für vornehme Tote.

Dabei bin ich gewesen, der vor ihren Augen die Amoriter vernichtete, die groß waren wie die Zedern und stark wie die Eichen.

Amos 2,9

Eichen in anderen Kulturkreisen

Eichen sind als heilige Bäume bei vielen Kulturen von großer Bedeutung. Aus der heiligen Eiche zu Dodona (Epirus) wollten die Priester die Stimme des Zeus hören. Bei den Germanen war die Eiche der Baum des Gewittergottes Donar. Donar war aber auch ein Fruchtbarkeitsgott, und die Eiche war in der Urzeit wegen ihrer Früchte ein so genannter „Nährbaum“. Im landwirtschaftlichen Glauben bedeutet ein reichliches Fruchten der Eichen eine kommende gute Ernte, eine Volksmeinung, die sich schon in der Antike nachweisen lässt. Eichenblätter sollen bösen Zauber abwehren.

Eigenwillig in Form und Farbe sind die Becher der Eicheln der Kermes-Eiche.

Hinsichtlich der Nutzung der Eichen steht die Verwendung des Holzes im Vordergrund. Aber noch weitere Nutzungen sind bekannt. So war die Kermes-Eiche früher eine wichtige Wirtspflanze der Kermeslaus (*Chermes ilicis*). Sie ist eine von drei Schildlausarten, aus der der hoch geschätzte rote Farbstoff Cochenille mit dem färbenden Bestandteil Carmin gewonnen werden kann. Kermes, wie dieser Farbstoff auch genannt wird, war als Farbstoff bereits bei den Ägyptern, Griechen und Römern unter dem Namen Scharlachrot zum Färben von Wolle, Leder und Seide bekannt. Der Ursprung für die Scharlachfärberei liegt vermutlich bei den Phöniziern. Heute ist dieses Naturprodukt durch die künstliche Produktion von Anilinfarbstoffen, die aus Erdölprodukten gewonnen werden, vom Markt weitgehend verdrängt. Auch als Lebensmittelfarbstoff mit der Bezeichnung E 120 wurde Kermes verwendet (heute nur noch selten, so angeblich im roten Campari). Meistens handelt sich heute bei dem in den Lebensmitteln verwendeten Cochenillerot um künstlich hergestelltes Carmin (zum Beispiel E 124 in Gummibären). Lippenstifte sollen auch heute noch häufig Cochenille als färbende Substanz enthalten, ebenso Farben für Ostereier. Früher soll Kermes auch in der Medizin, etwa als Herzmittel, verwendet worden sein.

Steckbrief zur Tabor-Eiche

Wuchs: Halbimmergrüner bis sommergrüner, bis zu 25 m hoher Baum mit einem Kronenumfang von 20 m und mehr.
Stamm: Mächtig mit rissiger, dunkelbrauner Borke.
Laub: Blätter länglich bis eiförmig, 4–9 cm lang, eiförmig oder lanzettlich-elliptisch, zugespitzt, Basis herzförmig, jederseits 5–9 dreieckige, grannig zugespitzte Zähne, oberseits anfangs graufilzig, später kahl, unterseits graufilzig bleibend.
Blüte: Unscheinbar in Kätzchen stehend.
Früchte: Die bis zu 5 cm lange Eichel sitzt etwa zur Hälfte im etwa 5 cm breiten Becher.
Verwendung der Früchte: Die Fruchtbecher haben einen hohen Gerbstoffanteil, sie wurden und werden als Naturprodukt zum Gerben von schwerem Qualitätsleder verwendet.
Herkunft: Syrien, Palästina.

Steckbrief zur Kermes-Eiche

Wuchs: Meist immergrüner Strauch, der kaum über 3 m hoch wird, als dicht verzweigter Baum jedoch Höhen bis zu 12 m erreichen kann. Die meist sparrig abstehenden Äste sind mit grauer, heller, glatter, im Alter nur schwach rissiger Rinde bedeckt.
Stamm: Bis zu 1 m Durchmesser. Borke anfangs glatt und grau, später schuppig gespalten.
Laub: Die elliptischen bis länglichen oder eiförmigen, ziemlich steifen und harten Blätter sind 1,5–4 cm lang. Die Spitze endet in einem Dorn. An jeder Seite befinden sich weitere 4–6 abstehende Zähne. Oben sind die Blätter dunkelgrün und glänzend, unten heller und beiderseits kahl.
Blüte: Unscheinbar in Kätzchen stehend.
Früchte: Die 1,5–3 cm langen, eiförmigen oder länglich-eiförmigen Eicheln sind etwa zur Hälfte vom Becher umgeben.
Herkunft: An der Mittelmeerküste von Spanien bis Nordwestafrika.

Kultur- und Pflegehinweise

Verwendung: Beide Eichen sind, wie auch andere immergrüne Eichen, attraktive Kübelpflanzen für Wintergärten, Balkon und Terrasse, die frostfrei überwintert werden müssen. In begünstigten Gebieten mit Weinbauklima können beide auch in Gärten gepflanzt werden. Kermes- und Kork-Eichen sind auch hervorragend zur Bonsaigestaltung geeignet.
Verfügbarkeit im Handel: Die Kermes-Eiche ist in gut sortierten Kübelpflanzengärtnereien und Baumschulen erhältlich. Die Tabor-Eiche ist bei uns im Handel nicht erhältlich. Stattdessen sind die Koppern- oder Valonen-Eiche (*Q ithaburensis* subsp. *macrolepis*) oder auch die Kork-Eiche (*Q. suber*) zu empfehlen.
Standort im Sommer: Optimal sind Plätze, die den ganzen Tag der Sonne ausgesetzt sind. Die Eichen gedeihen aber auch im Halbschatten recht gut, doch ist an solchen Plätzen der Zuwachs nur gering. Im Vollschatten werden die Triebe lang und hängen wie Weiden herunter.
Standort im Winter: Die Überwinterung erfolgt in hellen, gut zu lüftenden Räumen bei Temperaturen um 5 °C. Optimal ist, wie für alle immergrünen Pflanzen, ein Gewächshaus oder Wintergarten.
Gießen: Die Erde ist ganzjährig mäßig feucht zu halten. Auf keinen Fall darf Staunässe entstehen, während sich gelegentliches Abtrocknen ausgesprochen günstig auswirkt.
Düngen: Gedüngt wird mit Beginn des Austriebs im Frühjahr bis Ende August.
Krankheiten und Schädlinge: Auf Woll- und Schildläuse achten.

Zypresse

Cupressus sempervirens

Das biblische Wort *berosh* kommt mehr als dreißig Mal in der Bibel vor. Es bezeichnet Nadelbäume mit kleinen, schuppenartigen oder kurzen, geraden Blättern. Neben der Cilicischen Tanne (*Abies cilicica*) und den Wacholderarten *Juniperus excelsa* und *J. foetidissima* gehen die meisten Wissenschaftler davon aus, dass mit *berosh* die Zypresse gemeint ist. Sie war im Gebirge Juda einst weit verbreitet, wie aus Pollenfunden und dem häufigen Vorkommen von Holz als Baumaterial und als Möbel bei Ausgrabungen hervorgeht.

Das Holz der Zypresse soll beim Bau der Tempel König Salomos in Jerusalem verwendet worden sein.

> *Der König Hiram von Tyrus hatte ihn dabei mit Zedern- und Zypressenholz sowie mit Gold in der gewünschten Menge unterstützt. Damals trat König Salomo zwanzig Städte in der Landschaft Galiläa an Hiram ab.*
>
> 1. Buch der Könige 9,11

Die Kork-Eiche (*Quercus suber*) als Bonsai gestaltet.

Cupressus sempervirens ist durch ihre schlanke, obeliskenartige Gestalt landschaftsprägend.

Aus Zypressenholz wurde vermutlich auch die Arche Noahs gebaut.

> *Mach dir eine Arche aus Zypressenholz! Statte sie mit Kammern aus, und dichte sie innen und außen mit Pech ab!*
> 1. Buch Mose (Genesis) 6,14

Im Buch Ezechiel wird die Stadt Tyrus mit einem Schiff verglichen.

> *Aus Zypressenholz vom Senirgebirge bauten sie all deine Planken, eine Zeder vom Libanon nahmen sie, um auf dir den Mast zu errichten.*
> Ezechiel 27,5

Als schöne immergrüne Pflanze gewann sie auch Jesajas Aufmerksamkeit, der prophezeite, dass in der Steppe Zypressen wachsen würden.

> *In der Wüste pflanze ich Zedern, Akazien, Ölbäume und Myrten. In der Steppe setze ich Zypressen, Platanen und auch Eschen.*
> Jesaja 41,18

Und Sacharja formuliert:

> *Klage, Zypresse! Denn die Zeder ist gefallen; ja, die Mächtigen wurden vernichtet. Klagt, ihr Eichen des Baschan, denn der undurchdringliche Wald ist dahingesunken.*
> Sacharja 11,2

Die Zypresse in anderen Kulturkreisen

In der Zypresse erreichen die Nadelgehölze ihre größte Strenge. Sie gilt wegen ihrer dunklen Farbe und ihrer geschlossenen, unbewegten Form als Symbol der Trauer.

In der alten persischen Religion war die schlanke, obeliskenartige „immerlebende“ Zypresse ein Bild der heiligen Feuerflamme. Sie stand in alten, ehrwürdigen Exemplaren, in Palasthöfen und Gärten. Orientalische Dichter verglichen seit jeher Jungfrauen mit den schlanken Zypressen.

Nach Plinius war die Zypresse den Göttern der Unterwelt geweiht. Sie galt als Totensymbol, weil sie, einmal geschlagen, nie mehr nachwächst. Zahlreiche Friedhöfe in Südeuropa sind durch die schlanken Gestalten der Zypressen geprägt. Sie sollen im Angesicht des Todes die Gedanken zum ewigen, unvergänglichen Leben empor tragen.

Flüchtige Substanzen aus den Blättern der Zypresse gelten seit langer Zeit als heilkräftig. Schon im Altertum reisten Lungenkranke nach Kreta, um sich in Zypressenwäldern zu kurieren.

Aus Zweigen extrahierte Öle wirken desinfizierend und werden als harn- und schweißtreibendes Mittel gegen Rheumatismus angewendet.

Wenige, auf dem Bettzeug verriebene Tropfen des Destillationsrückstandes von Zypressenöl sollen Keuchhusten bei Kleinkindern mildern. Darüber hinaus wird Zypressenöl für die Herstellung von Herren-Parfum verwendet.

Steckbrief

Wuchs: Bis zu 30 m hoher Baum von meist säulenförmigem Wuchs. Bezüglich der Wuchseigenschaften unterscheidet man zwei Varietäten: Bei der Varietät *sempervirens* ist der Wuchs straff säulenförmig oder schmal kegelförmig, während bei der Varietät *horizontalis* die Äste mehr oder weniger waagerecht ausgebreitet (zedernartig) sind. Daneben existieren viele Kulturformen, die sich im Wuchs und in der Blattfärbung unterscheiden. Nahezu jede italienische Baumschule hat ihre eigene, meist besonders schlanke Selektion.

Laub: Die dunkelgrünen, schuppenförmigen Nadelblätter sitzen kreuzweise gegenständig, dicht angedrückt an den Zweigen und überdecken sich dachziegelartig.

Blüte: Zypressen sind einhäusig, die 3–5 mm langen und etwa 2 mm breiten, gelben bis gelbbraunen männlichen Blüten stehen meist in großer Zahl an der Spitze von Kurztrieben. Die ebenfalls kleinen, weiblichen Zapfenblüten sind von kugeliger Gestalt und kommen bevorzugt im oberen Teil der Krone vor.

Früchte: Silbrig-graue Zapfen. Die Samenreife tritt meist erst zwischen Sommer und Spätherbst des zweiten Jahres ein.

Cupressus sempervirens ist eine hübsche Kübelpflanze, in Gebieten mit Weinbauklima kann man die Zypresse auch im Garten auspflanzen.

Herkunft: Die ursprüngliche Heimat liegt im Himalajagebiet von Afghanistan und Nordwestindien, in Syrien, dem Iran, Kleinasien und dem östlichen Teil des Mittelmeergebietes. Schon im Altertum wurde sie nach Italien gebracht und ist heute im ganzen Mittelmeergebiet eingebürgert.

Kultur- und Pflegehinweise

Verwendung: Bei uns in der Regel als Kübelpflanze auf Balkon, Terrasse und in Gartenhöfen. Auch für im Winter kühl gehaltene Wintergärten sind sie hervorragend geeignet, darüber hinaus für die Bonsaigestaltung. An klimatisch begünstigten Standorten mit Weinbauklima können Zypressen auch in Gärten ausgepflanzt werden.
Verfügbarkeit im Handel: Natürlich gewachsene Zypressen, die besonders zu empfehlen sind, werden leider nur selten im Handel angeboten. Meist sind geformte Pflanzen, insbesondere Hochstämmchen, im Angebot. Auf entsprechende Nachfrage wird man aber auch „normal" gewachsene Pflanzen erhalten.
Standort im Sommer: Sonnige Standorte sind eine wichtige Voraussetzung, damit die Pflanzen ihren typischen Wuchs bekommen und erhalten.
Standort im Winter: Hell und gut lüftbar sollte der Standort sein, da sonst mit Befall durch Grauschimmelpilze zu rechnen ist. Hinsichtlich der Wärme reichen Temperaturen von knapp über 0 °C aus. Gegen leichte Fröste sind Zypressen auch im Kübel unempfindlich, weshalb man sie länger als die meisten anderen Kübelpflanzen im Freien lassen kann.
Gießen: Die Erde ist im Sommer gleichmäßig feucht zu halten, kurzfristige Trockenheit wird vertragen. Bei längerfristiger Trockenheit werden ältere Schuppenblätter vorzeitig braun und die Pflanze bekommt ein unschönes Aussehen.
Düngen: Von Mai bis Ende September in schwachen Konzentrationen.
Krankheiten und Schädlinge: Von Schädlingen und Krankheiten bleiben sie weitgehend verschont.

Libanon-Zeder

Cedrus libani subsp. *libani*

Sie gehört mit zu den ausdrucksstärksten Nadelgehölzen, die es auf unserer Erde gibt. In der Bildersprache der Bibel ist die Zeder Sinnbild der Kraft, der Macht und der Schönheit. So ist es nicht verwunderlich, dass besonders die Propheten die Zeder immer wieder als Bild aufgreifen.

Auf dem Libanon stand eine Zeder. Die Pracht ihrer Äste gab reichlichen Schatten. Hoch war ihr Wuchs und in die Wolken ragte ihr Wipfel.

Ezechiel 31,3

Im Lauf von Jahrtausenden bot der Libanon eine reiche Quelle von Bauholz für die angrenzenden Länder. König Salomo vereinbarte mit Hiram, dem König von Tyrus, Zedern und andere Bäume zu fällen und nach Jerusalem zu transportieren.

Dann sandte er Boten zu Hiram, dem König von Tyrus, und ließ ihm sagen: Du hast meinem Vater David geholfen und ihm Zedern geliefert, damit er sich ein Haus als Wohnung bauen konnte.

2. Chronik 2,2.7–8

Bekannt ist sogar, auf welche Weise die mächtigen Stämme transportiert wurden, denn Hiram teilte Salomo mit:

Er ließ Salomo sagen: Ich habe die Botschaft vernommen, die du an mich gesandt hast, und werde deinen Wunsch nach Zedern- und Zypressenholz erfüllen. Meine Leute werden es vom Libanon an das Meer schaffen. Ich lasse es dann auf dem Meer an den Ort flößen, den du mir nennen wirst. Dort lasse ich es wieder auseinander nehmen, sodass du es abholen kannst. Du aber erfülle meinen Wunsch und sende Lebensmittel für mein Haus!

1. Könige 5,22–23

Die Libanon-Zeder in anderen Kulturkreisen

Wegen ihrer mächtigen Gestalt und ihrer Schönheit war die Zeder von jeher ein Symbol der Kraft und Erhabenheit, der Würde und des Ruhmes. Im Altertum galt sie gar als „schönster Baum der Erde". Wurde eine Libanon-Zeder gefällt, so wurde dies vielfach mit dem Zusammenbrechen eines Königreiches oder auch mit dem Ende der Menschheit verglichen. Umso verwunderlicher ist es, dass schon in der Antike mit dem Abbau ausgedehnter Zedernwälder im Libanon begonnen wurde.

Zedernholz ist nicht nur schön, von aromatischem Geruch und leicht zu bearbeiten, es war auch wegen seiner Dauerhaftigkeit begehrt. Ein Indiz hierfür sind die Entdeckungen 2700 Jahre alter, intakter Zedernbalken, die in der Palastruine Assurbanipals nahe Ninive gefunden wurden.

Der Beiname „Baum Gottes" wurde der Libanon-Zeder zwischen 2700 v. Chr. bis in das 1. Jahrtausend n. Chr. zuteil, da sie das bevorzugte Holz für den Bau von Palästen, Tempeln und Götterbildern lieferte. Berühmte Beispiele hierfür sind unter anderem die ägyptischen Tempelbauten von Theben, Karnak und Memphis.

Darüber hinaus wurden aus dem Holz Särge für Pharaonen und hohe ägyptische Beamte gefertigt. Zur ihrer Konservierung wie auch die der Mumien wurde ein Lack aus Zedernharz und Naphtaöl bereitet. Auch zum Schiffsbau wurde Zedernholz verwendet. So ließ Alexander der Große (333 v. Chr.) seine Schiffsflotte aus Zedernholz erbauen.

Ein aus den Zapfen der Zeder gewonnenes Öl sowie auch das Harz des Baumes wurden im Altertum als Heilmittel gegen Zahnschmerzen und Hautkrankheiten, zur Wundbehandlung, als Basis für antiseptische Salben sowie als Konservierungsmittel benutzt. So wurden Buchrollen mit Zedernöl imprägniert, um ihnen eine „ewige" Haltbarkeit zu verleihen. Mit weißem Zedernharz balsamierte man die Toten ein.

Der zu biblischer Zeit große Bestand an Zedern in den Gebieten des kilikischen Taurus und des Libanons ist heute nur noch in Teilen existent.

Bei älteren Zedern sind die auf den Zweigen aufrechtstehenden Zapfen eine besondere Attraktion.

Auch wenn die Zeder im Libanon am Naturstandort nur noch selten anzutreffen ist, so ziert *Cedrus libani* bis heute das Staatswappen des Libanon.

Steckbrief

Wuchs: Langsam wachsender, bis zu 30 m hoher Nadelbaum mit Lang- und Kurztrieben. Der Kronenaufbau ist dicht und pyramidal. Im Alter entstehen majestätische Baumgestalten mit weit ausladenden Kronen von schirmförmiger Gestalt.

Stamm: Der meist nur kurze Stamm erreicht einen Durchmesser von 2 m. Die Farbe der Rinde variiert, sie ist braun oder schwarz mit schuppigen Rissen. Im Alter zeigt sich eine längsrissige, gefelderte Borke.

Laub: Die Nadelblätter sind stark zugespitzt und etwa 3,5 cm lang. Ihr Querschnitt ist dreieckig bis rhombisch und durch die abgeflachte Oberfläche stets breiter als hoch. Die Farbe der Nadeln variiert von dunkel- bis graugrün. Sie stehen in Wirteln zu 10 bis 20 zusammen.

Cedrus libani var. *stenocoma* ist auch bei uns ausreichend winterhart.

Blüte: Auffällig und zahlreich zeigen sich die 5 cm langen, zylindrischen, blassgelben, zur Reife goldbraunen männlichen Kätzchen. Die 0,8 cm langen, eiförmigen, purpurn gefärbten weiblichen Blütenstände hingegen sind unscheinbar.
Früchte: Die Frucht ist ein Zapfen, dessen vollständige Entwicklung und Reife zwei bis drei Jahre dauert. Anfangs ist der etwa 10 cm lange Zapfen stumpfgrün, später mattbraun gefärbt, die Spitze ist flach oder eingedrückt. Bei der Reife zerfällt der Zapfen am Baum, während die holzige Zapfenspindel noch lange stehen bleibt.

Herkunft: Aus ihrem botanischen Namen leitet sich ihre Herkunft ab: der Libanon. Als sichere Herkunftsorte sind zudem Syrien, Zypern sowie die Südtürkei bekannt. In biblischer Zeit waren der Libanon und große Teile des kilikischen Taurus mit Zedernwäldern bedeckt. Ein Teil davon existiert noch heute, wenn auch nicht mehr in der einstigen Ausdehnung, da extreme Übernutzung die Vorkommen bis auf kleine Reste vernichtet hat.

Kultur- und Pflegehinweise

Verwendung: In klimatisch begünstigten Gegenden, etwa in Weinbauregionen, kann die Libanon-Zeder im Freien ausgepflanzt werden. Im Rheinland und Südwesten Deutschlands finden sich gut entwickelte Exemplare. Aufgrund ihrer stattlichen Größe ist die Zeder kein Baum für kleine Hausgärten, zumal ihre weit ausladende Krone erst im Freistand, beispielsweise auf weiten Rasenflächen, voll zur Geltung kommt. In weniger günstigen Lagen lässt sie sich als Kübelpflanze für Balkon und Terrasse sowie für ungeheizte Wintergärten verwenden oder als Bonsai gestalten.
Verfügbarkeit im Handel: Die eigentliche Libanon-Zeder (*Cedrus libani* subsp. *libani*) ist im örtlichen Pflanzenhandel in der Regel nur auf Anfrage erhältlich. Weiter verbreitet ist *C. libani* subsp. *stenocoma*, die man alternativ verwenden kann.
Standort im Freiland: Nur in klimatisch günstiger Lage. Weil sie sehr lichtbedürftig ist, benötigt sie einen freien Stand in voller Sonne. In den Anfangsjahren nach der Pflanzung ist es aber auch in klimatisch günstigen Jahren unerlässlich, den Baum bis zu seiner Etablierung vor Frost, Windbruch und starker Sonneneinstrahlung zu schützen. Der Boden sollte tiefgründig, gut dräniert und nährstoffreich sein.
Standort im Kübel: Als Kübelpflanze können die Pflanzen zeitig im Frühjahr ausgeräumt und spät im Herbst mit Beginn der ersten Nachtfröste eingeräumt werden. Die Kultur im Kübel kann aber auch nur dann empfohlen werden, wenn den Winter über ein heller Standort, etwa in einem

Wintergarten oder einem Gewächshaus, garantiert werden kann. Die Temperaturen im Winterquartier sollten auf Dauer 10 °C nicht übersteigen.
Gießen: Relativ trockenheitsverträgliche Pflanzen, die generell nur sehr sparsam gegossen werden müssen. Bei Ballentrockenheit verlieren sie allerdings ihre Nadeln. Solche Pflanzen sehen über Monate unattraktiv aus.
Düngen: Bei Kübelkultur in der Hauptwachstumszeit von März bis Ende August.
Krankheiten und Schädlinge: Auf Wollläuse achten.

Akazie

Acacia tortilis subsp. *raddiana*

Das Wort *shitta* beziehungsweise *shittim*, die hebräische Bezeichnung für die Akazie, kommt in der Bibel etwa vierzig Mal vor. In der Mehrzahl beziehen sich die Bibelstellen auf den Baum selbst beziehungsweise dessen Holz, zum Teil aber auch auf Orte, die damit in Verbindung zu bringen sind.

Josua, der Sohn Nuns, schickte von Schittim heimlich zwei Kundschafter aus und befahl ihnen: Geht, erkundet das Land, besonders die Stadt Jericho!

Josua 2,1

An jenem Tag triefen die Berge von Wein, die Hügel fließen über von Milch und in allen Bächen Judas strömt Wasser. Eine Quelle entspringt im Haus des Herrn und tränkt das Schittim-Tal.

Joel 4,18

Typisch für die afrikanischen Akazien ist die schirmförmige, weit ausladende Krone.

Mit dem Schittim-Tal (= Akazien-Tal) ist wahrscheinlich das untere Kidrontal bei Jerusalem gemeint.

Das Holz der Akazien hatte für die Israeliten eine besondere Bedeutung. *Acacia tortilis* subsp. *raddiana*, die in der Wüste Sinai auch heute noch wächst, bildet ein sehr hartes, haltbares Holz aus. Aus diesem Holz bauten die Israeliten bei ihrer Wanderung mit Mose durch die Wüste nicht nur das tragbare Versammlungszelt (die Stiftshütte) und die Bundeslade, sondern auch die gesamte Möblierung der Stiftshütte einschließlich des Altars. Gott erließ hierzu detaillierte Anweisungen für deren Bau durch den Kunsthandwerker Bezalel. Nachzulesen im 2. Buch Mose (Exodus), Kapitel 25–37. Exemplarisch sollen einige Stellen zitiert werden:

Die Zweige der meisten fiederblättrigen Akazien sind dicht von langen Dornen bedeckt.

Macht eine Lade aus Akazienholz, zweieinhalb Ellen lang, anderthalb Ellen breit und anderthalb Ellen hoch!

2. Buch Mose (Exodus) 25,10

Mach für die Wohnstätte Bretter aus Akazienholz zum Aufstellen. Jedes Brett soll zehn Ellen lang und anderthalb Ellen breit sein; jedes Brett soll durch zwei Zapfen mit dem nächsten verbunden werden.

2. Buch Mose (Exodus) 26,15

Dann mach aus Akazienholz den Altar, fünf Ellen lang und fünf Ellen breit – der Altar soll also quadratisch sein – und drei Ellen hoch.

2. Buch Mose (Exodus) 27,1

Akazien als Nutzpflanzen

Theophrast und Plinius erzählen, dass die Ägypter aus dem Holz des „großen“ Baumes meterlange Bretter schnitten und zu Bauchstücken (Rippen) der Schiffe verwendeten. Herodot berichtet über den Schiffbau der alten Ägypter: „Die Fahrzeuge, worauf sie fahren, sind aus einem Dornbaum gemacht, dessen Gestalt dem cyrenäischen Lotus (*Diospyros lotus*) sehr ähnlich und dessen Harz Gummi ist. Aus diesem Dorn hauen sie Balken von der Länge zweier Ellen, schicken sie dann wie Ziegel aneinander und bauen das Schiff auf folgende Art: Um dichte und lange Pflöcke befestigen sie zwei Ellen lange Balken, und haben sie auf diese Art das Schiff gebaut, so legen sie Querbalken darüber hin. Dazu nehmen sie gar keine Rippen, stopfen aber inwendig die Fugen mit Byblos (*Papyrus*) aus, machen dann ein Steuer, und das wird durch den Schiffsboden getrieben. Zum Mast nehmen sie einen Dornbaum und zu den Segeln Byblos. Diese Fahrzeuge können den Fluss hinauf nicht steuern, wenn nicht ein tüchtiger Wind geht, sondern werden vom Lande aus gezogen.“

Traditionell lieferte *A. tortilis* neben Holz für Bauzwecke auch Stricke und Tauwerk, die aus der Rinde hergestellt wurden, sowie Heilmittel. Ein gummiartiger Schleimstoff (*Gummi arabicum*), der aus Wunden der Stämme hervortritt, wurde gegen Augenleiden, Gelbsucht und Lungenkrankheiten eingesetzt; pulverisierte Rinde wegen des hohen Tanningehalts zur Wunddesinfektion, als Wurmmittel und als Asthmaheilmittel, die Samen gegen Durchfall. Die Früchte verarbeitete man zu Halsketten.

A. tortilis ist auch heute noch einer der am vielfältigsten genutzten Bäume der Trockengebiete Afrikas und des Nahen Ostens. Die Bäume werden zur Pflanzung von Windschutzstreifen, Fixierung von Sanddünen, zur Wiederherstellung und Erhaltung der Bodenfruchtbarkeit, zum Schutz vor Bodenerosion und Versteppung, als Quelle für Brennholz und Futter und nicht zuletzt als Schattenspender gepflanzt. Die Eignung dafür verdankt die Akazie unter anderem der hohen Toleranz (auch im Keimlings- und Jugendstadium) gegen Wasserstress, ihrer Fähigkeit, auf erodierten Böden über Laterit- und Kalkkrusten zu wachsen, sowie ihrer Raschwüchsigkeit. Darüber hinaus verfügt sie über ein hohes Regenerationsvermögen bei Scheitelung für die Futtergewinnung und nach Einschlag für Brennholz. Das Holz hat einen hohen Brennwert und wird im gesamten Verbreitungsgebiet zur Holzkohlegewinnung herangezogen.

Erwähnt sein soll auch, dass aus den Blüten verschiedener Akazienarten ätherische Öle für die kosmetische Industrie gewonnen werden. Zu diesem Zweck werden Akazien auch heute noch in Südfrankreich, Italien und Algerien angepflanzt. Theophrast und Dioskurides berichten von einer weißen oder ägyptischen Salbe, bei deren Herstellung unter anderem auch Akazienblüten verwendet wurden.

Steckbrief

Wuchs: Der 4–20 m hohe Baum entspricht mit seiner weit ausladenden, schirmförmigen Krone dem Habitus des typischen Savannenbaumes. Auf besonders trockenen Standorten oder nach starkem Verbiss (die jungen Triebe und Blätter sind ein wichtiges Viehfutter) nimmt er Strauchform an. Das Zweigsystem besteht aus Lang- und Kurztrieben. Letztere tragen 3–5, maximal 8 Blätter. Die Zweige sind von zahlreichen Dornen besetzt, so genannten Langdornen und gekrümmten, spitzen Hakendornen.

Die Blüten der Akazien bestehen aus zahlreichen Staubblättern, Kronblätter fehlen.

Stamm: Krummschäftig, gedreht. Die Rinde, die große Mengen Tannin enthält, hat eine graue, graubraune bis schwarze, selten auch rotbraune Färbung. An jungen Bäumen ist sie glatt, an alten Stämmen entstehen durch tiefe, schwarzbraune Längsrisse begrenzte, erhabene Leisten.

Laub: Die wechselständig angeordneten Blätter sind doppelt paarig gefiedert. Sie sind von hellgrüner bis blaugrüner Farbe und haben einen kurzen Blattstiel. Pro Blatt werden 1–5 (max. 7) Fiederpaare gebildet.

Blüte: Sehr kleine, weißliche, hellgelbe oder cremefarbene, köpfchenförmige Blütenstände. Diese stehen einzeln oder in Büscheln an kurzen Stielen, in der Regel an den einjährigen, unbeblätterten Jungtrieben.

Früchte: Die spiralig oder andersartig gekrümmten Hülsen sind zwischen den Samen perlschnurartig eingeschnürt.

Herkunft: Heimisch in Trockenwäldern, Savannen und Wüstengebieten Afrikas.

Kultur- und Pflegehinweise

Verwendung: Akazien sind hübsche Kübelpflanzen, die im Sommer Balkon und Terrasse schmücken oder ganzjährig in Wintergärten gehalten werden können. Junge Pflanzen sind auch als Topfpflanzen schön. Die Gestaltung zum Bonsai ist möglich, doch sind Akazien in der Gestaltung nicht ganz einfach.

Verfügbarkeit im Handel: Die in der Bibel erwähnte Art wird bisher nicht im Handel angeboten, oder ist nur auf Bestellung erhältlich. Alternativ könnten aber auch andere fiederblättrige Arten verwendet werden. So ist die Silber-Akazie (*A. dealbata*), eine Art mit fein gefiederten Blättern und hübschen, duftenden Staubblattblüten, als Alternative denkbar. Sie ist in den Frühjahrsmonaten im Handel häufig anzutreffen.

Standort im Sommer: Akazien brauchen in der Wachstumszeit viel Wärme und vollsonnige Standorte. Nur so erhält man gut aufgebaute Pflanzen mit einem reichen Knospenansatz. An schattigen Standorten leidet nicht nur das Aussehen, sondern auch die Blühfreudigkeit.

Standort im Winter: Hell und luftig bei Temperaturen um 5 °C überwintern. Im Wintergarten oder Gewächshaus sind auch höhere Temperaturen von bis zu 15 °C möglich. Dunkle Kellerräume oder Garagen sind zur Überwinterung nicht geeignet. Wird kühl überwintert, sollte möglichst spät eingeräumt und zeitig im Frühjahr ausgeräumt werden.

Gießen: Akazien sind auf eine kontinuierliche Wasserversorgung angewiesen. Kurze Trockenheit wird zwar vertragen, doch führt Ballentrockenheit zum Absterben der Pflanzen. Stauende Nässe mögen die Pflanzen aber ebenso wenig, deshalb sollten Substrate mit hohem Porenvolumen verwenden werden.

Düngen: In den Wurzelknöllchen der Akazien lebt das symbiotische Leguminosenbakterium (*Rhizobium leguminosarum*), das in der Lage ist, den Stickstoff in der Luft zu binden.

Acacia tortilis subsp. *raddiana* als Kübelpflanze.

Hübsch sind die gelben Blüten von *Senna alexandrina*.

Dennoch ist die Annahme, eine Stickstoffdüngung sei überflüssig, grundlegend falsch. Nach Ende der Winterruhe wird von März bis Mitte September regelmäßig gedüngt.

Krankheiten und Schädlinge: Bei den Schädlingen ist besonders auf Spinnmilben zu achten, für die die fiederblättrigen Arten besonders anfällig sind. Das Rieseln und Vertrocknen der Fiederblättchen hat seine Ursachen in zu hohen Temperaturen in Verbindung mit Lichtmangel.

Sennabusch, Brennender Dornbusch

Senna alexandrina
(Syn. *Cassia senna, C. acutifolia, C. angustifolia*)

„Der Brennende Dornbusch" – wer denkt da wohl nicht an eine der bekanntesten Berufungserzählungen in der Bibel?

> *Mose weidete die Schafe und Ziegen seines Schwiegervaters Jitro, des Priesters von Midian. Eines Tages trieb er das Vieh über die Steppe hinaus und kam zum Gottesberg Horeb. Dort erschien ihm der Engel des Herrn in einer Flamme, die aus einem Dornbusch emporschlug. Er schaute hin: Da brannte der Dornbusch und verbrannte doch nicht. Mose sagte: Ich will dorthin gehen und mir die außergewöhnliche Erscheinung ansehen. Warum verbrennt denn der Dornbusch nicht? Als der Herr sah, dass Mose näher kam, um sich das anzusehen, rief Gott ihm aus dem Dornbusch zu: Mose, Mose! Er antwortete: Hier bin ich.*
>
> 2. Mose (Exodus) 3,1–4

In der Apostelgeschichte wird diese Begebenheit ebenfalls erwähnt. Dort heißt es:

> *Als vierzig Jahre vergangen waren, erschien ihm in der Wüste beim Berg Sinai ein Engel im Feuer eines brennenden Dornbusches.*
>
> Apostelgeschichte 7,30

Um welche Pflanzenart es sich beim Brennenden Dornbusch gehandelt haben könnte, ist strittig – unabhängig von der Frage, ob es sich bei der Gottesoffenbarung des Mose um einen übernatürlichen Vorgang handelte oder nicht. Vorgeschlagen werden Brombeere (*Rubus*), Hagedorn (*Crataegus*), Blasenstrauch (*Colutea*), Akazie (*Acacia*) und Sennabusch (*Senna*, Syn. *Cassia*). Auch ein von einer rot blühenden Mistelart befallener Akazienstrauch wird in Betracht gezogen. Der Wissenschaftler Zohary geht davon aus, dass es sich beim Brennenden Dornbusch um *Senna alexandrina* handelt. Er begründet dies mit der sprachlichen Verwandtschaft des hebräischen *sneh* zum arabischen *sena*, womit der Sennabusch bezeichnet wird und der Tatsache, dass diese Art auf den Bergen des Sinai wächst.

Die Brombeere kommt als Brennender Dornbusch sicherlich nicht in Frage, denn sie ist wild auf dem Sinai nie vorgekommen, wie Botaniker nachgewiesen haben. Die den Touristen als Brennender Dornbusch gezeigte Brombeere im Katharinenkloster auf dem Sinai soll eine Kulturform sein, die Mönche gepflanzt haben sollen.

Der Sennabusch in anderen Kulturkreisen

Senna alexandrina (Syn. *Cassia senna*) ist eine alte Heilpflanze. Schon in den ältesten uns überhaupt überlieferten Schriften, welche sich mit Medizin (Heilkräutern) beschäftigen, wird Senna erwähnt, so beispielsweise im Gesetzbuch Hammurabis, des Königs von Babylon (1728–1686 v. Chr.).

Sennesblätter werden auch heute noch in der Pharmazie verwendet. Sie bilden einen Hauptbestandteil des „Wiener Trankes" (Mixtum Sennae compositum). Ein aus Sennesblättern bereiteter Tee ist ein mildes Abführmittel.

Steckbrief

Wuchs: Ein bis zu 2 m hoher Strauch.
Laub: Die gefiederten Blätter sind fünf- bis neunpaarig, die Fiederblättchen lineal-lanzettlich. Sie falten sich gegen Abend nach oben zusammen.
Blüte: Die tassenförmigen, fünfzähligen, gelben Blüten mit

Schon als junge Pflanze blüht *Senna alexandrina* ausgiebig.

hervorstehenden Staubblättern sind in traubigen Blütenständen angeordnet. Sie sind im Gegensatz zu vielen anderen Schmetterlingsblütlern regelmäßig gebaut und ohne Nektar.
Früchte: Bohnenartige, abgeflachte, nierenförmige, bis zu 6 cm lange Hülsen mit 7–10 flachen Samen, deren Oberfläche stark runzelig ist.
Herkunft: Tropisches Afrika über Ägypten und Palästina bis nach Indien.

Kultur- und Pflegehinweise

Verwendung: Wunderschöne Kübelpflanze für Terrasse, Balkon und Wintergärten. Da sie schon als junge Pflanze blüht, kann sie auch als Topfpflanze auf dem Fensterbrett gehalten werden.
Verfügbarkeit im Handel: *Senna alexandrina* ist nur sporadisch im Handel im Angebot. Als Alternative zur biblischen Senna empfiehlt sich *Senna corymbosa*, die regelmäßig im Handel als größere und kleinere Kübelpflanze angeboten wird.
Standort im Sommer: *Senna*-Arten benötigen warme, vollsonnige Standorte, nur dort blühen sie reich und lange bis in den Herbst hinein.
Standort im Winter: Hell bei Temperaturen nicht unter 10 °C.
Gießen: Bei warmem, sonnigem Wetter ist der Wasserverbrauch außerordentlich hoch und es muss reichlich gegossen werden. Während des Winters machen die Pflanzen eine gewisse Ruhezeit durch und sind dann weniger zu gießen, doch darf der Ballen auch dann nicht austrocknen. Andauernde Nässe lässt die Pflanzen absterben. Gut durchlässige, strukturstabile Erden zum Umtopfen verwenden.
Düngen: Hoher Nährstoffbedarf, von Mitte April bis Anfang August kontinuierlich düngen.
Krankheiten und Schädlinge: Auf Weiße Fliege und Blattläuse achten. Letztere treten bevorzugt am Neuaustrieb im Frühjahr auf. Bei vernässtem Substrat treten schnell Fäulnispilze auf.

Senna corymbosa ist eine gute Alternative zu ihrer biblischen Schwester.

Baumwolle

Gossypium herbaceum

Baumwolle, hebräisch *karpas*, wurde in frühbiblischer Zeit in Israel wohl nicht angebaut, wohl aber in den letzten vorchristlichen Jahrhunderten. Man nannte sie Rebenwolle, da ihre Blätter denen der Rebe ähneln. Baumwolle wird mit der Umschreibung „andere feine Gewebe“ nur an einer einzigen Stelle in der für dieses Buch verwendeten Einheitsübersetzung der Bibel erwähnt. Zitiert werden soll hier deshalb noch aus einer anderen Bibelübersetzung, wo die Baumwolle mit Namen genannt wird.

Etwas Besonderes muss das Mahl gewesen sein, das der König Artaxerxes, der von Indien bis Kusch über hundertsiebenundzwanzig Provinzen herrschte, veranstaltet hat. Zuerst gab er ein Festmahl für alle seine Fürsten und Beamten, für die Obersten des Heeres von Persien und Medien, die

Vornehmen und die Statthalter der Provinzen. Dann aber veranstaltete der König ein Mahl für alles Volk, das die Burg Susa beherbergte, vom Größten bis zum Geringsten, sieben Tage lang auf dem Vorplatz des Gartens beim königlichen Schloss.

Am Ende dieser Tage gab der König allen, die in der Burg Susa waren, vom Größten bis zum Geringsten, sieben Tage lang im Hofgarten des Palastes ein Festmahl. Weißes Leinen, violetter Purpurstoff und andere feine Gewebe waren mit weißen und roten Schnüren in silbernen Ringen an Alabastersäulen aufgehängt. Auf dem Mosaikboden aus Alabaster, weißem und buntem Marmor und Perlmuttsteinen standen goldene und silberne Ruhelager.

Einheitsübersetzung Ester 1,5–6

Nach Ablauf jener Tage gab der König allen Leuten, die sich auf dem Berg Susa befanden, vom Größten bis zum Kleinsten, sieben Tage hindurch ein Gastmahl; es fand im Gartenhof des Königspalastes statt. Feine Gewebe aus Linnen, Baumwolle und violetter Purpurwolle hingen an Bändern aus Byssus und rotem Purpur in silbernen Ringen und an Alabastersäulen. Goldene und silberne Ruhebetten standen auf dem Mosaikboden von Bahatstein und Marmor, Perlen und kostbarem Bodenbelag.

Hundertwasser-Bibel Ester 1,5–6

Nach dem Aufplatzen der Frucht erscheinen die watteartigen Samenhaare der Baumwolle.

Die Baumwolle in anderen Kulturkreisen

Die Bauwollpflanze gehört mit zu den ältesten Kulturgewächsen der Menschheit. Schon lange vor Christi Geburt wurde sie genutzt. Interessant ist, dass verschiedene Menschenrassen auf getrennten Kontinenten (Asien, Afrika und Amerika) ganz unabhängig voneinander *Gossypium*-Arten in Gebrauch genommen haben. Alte Anbaugebiete liegen in Vorder- und Mittelasien bis Westchina, Indien, auf der Arabischen Halbinsel und in Ostafrika.

Die alte Leinenweberstadt Augsburg war ab dem 14. Jahrhundert bis zu den Wirren des Dreißigjährigen Krieges die führende europäische Verarbeitungsstätte von Baumwolle in Europa. Durch das Kriegstreiben in Deutschland kam es zur Ablösung Augsburgs als führende Verarbeitungsstätte in Europa. Die Führungsrolle in der Baumwollverarbeitung übernahm nun die englische und flandrische Textilindustrie. Von Vorteil für die Engländer war, dass sie durch die Gründung ihrer Ostindien-Kompanie ständig größere Mengen an Rohbaumwolle aus den Erzeugergebieten beziehen konnten. Einen großen Aufschwung in Europa erlebte die Baumwollfaser mit dem Fortschreiten der industriellen Revolution im 18. Jahrhundert. Durch die Entwick-

Blühender Zweig und reife, geöffnete Kapsel (Aquarell auf Vélin-Papier, 1766, von Georg Dionys Ehret (1710–1770). Standort: British Museum London).

lung einer Entkörnungsmaschine und dem mechanischen Webstuhl breitete sich die Faser nahezu blitzartig aus.

Dieser Prozess hatte aber auch zur Folge, dass vielen Webern die Existenzgrundlage entzogen wurde, da die industrielle Fertigung wirtschaftlicher als ihre Handarbeit und zudem nun auch durch Ungelernte möglich war.

In Indien stand das Spinnrad deswegen als Symbol der Eigenständigkeit im gewaltfreien Widerstand gegen die britischen Kolonialherren.

Baumwolle hat mit der erhöhten Nachfrage nach Naturfasern seit Beginn der 1980er-Jahre wieder den ersten Platz unter den Rohstoffen der Textilwirtschaft inne. In den 1970er-Jahren standen noch synthetisch erzeugte Fasern im Vordergrund.

Aus den Samen wird durch Warmpressen (105 °C) ein orangerotes Öl gewonnen, das nach dem Raffinieren geruch- und farblos ist und zu Speisezwecken sowie für medizinische Zwecke, Kosmetika, Seifen und Kerzen Verwendung findet. Der anfallende Baumwollkuchen, der neben restlichem Fett über 40 % Rohprotein und etwa 20 % stickstofffreie Extraktstoffe enthält, dient der Fütterung. Er kommt als Baumwollsaatmehl in den Handel.

In der Volksheilkunde Nordamerikas sollen die Wurzeln der Baumwolle in der Vergangenheit als Abortivum genutzt worden sein sowie zur Anwendung bei schweren Geburten. Die Araber nutzten die Pflanze auf mehreren Wegen, den Saft der Blätter wendeten sie bei der Heilung von Bauchflüssen an, das Öl gegen Hautausschläge und den Samen bei Husten und Brustkrankheiten.

Steckbrief

Wuchs: Bei der in der Bibel erwähnten Baumwolle handelt es sich aller Wahrscheinlichkeit nach um die in Afrika heimische, in der Regel mehrjährige Art *Gossypium herbaceum*. Die Pflanzen werden bis zu 2 m hoch, bilden verholzende Stängel aus und haben zahlreiche, aber ziemlich dünne Seitenzweige.

Laub: Die ledrigen, im Umriss herzförmigen Blätter sind drei- bis fünffach gelappt und lang gestielt. Jeweils drei

Links: Blüte von *Gossypium herbaceum*.

Rechts: Blüte von *Gossypium hirsutum*.

Gossypium herbaceum als aufstrebende Kübelpflanze (links) und *Gossypium hirsutum* als kompakte Topfpflanze (rechts).

Hochblätter (Brakteen), die breiter als lang sind, mit der für die Art charakteristischen Zähnung des Randes schließen die Blütenknospen in Form eines Hüllkelches ein. Sie bleiben bis zur Fruchtreife erhalten.

Blüte: Die zwittrigen, bis zu 5 cm großen, malvenartigen Blüten sind kurz gestielt und wachsen aus den Blattachseln hervor. Sie sind hellgelb und haben einen roten Grund. Die Blütenfarbe ändert sich bis zum Verblühen allmählich in Rosa, später in Rot oder Violett. Nach ein bis drei Tagen fällt die Blütenkrone ab. Die Blütezeit ist in der Regel in den Monaten Juli/August.

Früchte: Ungefähr 7–9 Wochen nach der Blüte setzt die Fruchtbildung ein. Die längliche, drei- bis fünffächerige Kapselfrucht besitzt 3–8 eiförmige, erbsengroße, schwärzliche Samen. Nach der Reife platzt die Kapsel auf und aus den verwelkten Blütenblättern tauchen fast tennisballgroße, weiße, watteartige Samenhaare auf – die Baumwolle. Diese Haare sind einzellige Ausstülpungen der Epidermis.

Herkunft: Für *Gossypium herbaceum* wird als Ursprungsland Afrika angesehen.

Kultur- und Pflegehinweise

Verwendung: Baumwolle ist eine hübsche Zimmer- oder Wintergartenpflanze, die ab Ende Mai bis Ende September auch im Freien stehen kann. Neben den attraktiven Blüten sind die Fruchtstände spektakulär, sobald sie bei Fruchtreife aufplatzen und die weiße Samenwolle hervortritt.

Verfügbarkeit im Handel: Im Samenhandel für exotische Sämereien sind Baumwollarten regelmäßig im Angebot. Anstelle von *G. herbaceum* kann als Alternative auch *G. arboreum* oder *G. hirsutum* empfohlen werden. *G. hirsutum* wächst in der Regel aber nur einjährig, sie stirbt also nach der Fruchtbildung ab.

Standort im Sommer: Möglichst sonnig und so warm wie möglich.

Standort im Winter: Warm und hell, die Temperaturen sollten auf Dauer 12 °C nicht unterschreiten.
Gießen: In der Wachstums- und Blütezeit ist der Wasserbedarf hoch. Stauende Nässe muss aber unbedingt verhindert werden.
Düngen: Hoher Nährstoffbedarf, von März bis Ende September ausreichend und regelmäßig düngen.
Krankheiten und Schädlinge: Im Baumwollanbau ist eine Vielzahl an Schädlingen bekannt, die der Pflanze gefährlich werden können. Bei uns ist insbesondere auf den Befall durch Spinnmilben und Blattläuse zu achten. Abfallende Blätter und Blüten sind meist ein Anzeichen von zu niedrigen Temperaturen.

Rizinus, Wunderbaum, Palma Christi

Ricinus communis

Dokumente ägyptischer Heilkunde erwähnen Rizinus als eine Pflanze, die nach Herodot in Ägypten wegen ihres Öls weit verbreitet im Anbau war. Dieses Öl diente als Brennstoff für Lampen. Auch der Talmud erwähnt Rizinus als eine Pflanze, aus der man für Heilzwecke Öl gewinnt. In der Bibel findet Rizinus nur an einer Stelle Erwähnung, allerdings nicht, wie man vermuten könnte, als Heilpflanze oder als Öllieferant, sondern in Zusammenhang mit der Geschichte Jonas als Schatten gebende Pflanze. Der aufrechte Stamm der Rizinuspflanze entwickelt so viele gefingerte Blätter, dass die Pflanze einen Wanderer durchaus vor der sengenden Sonne schützen kann.

Die heidnische Stadt Ninive hatte sich bekehrt und Jona hatte mit seiner nur widerwillig verkündeten Botschaft somit Erfolg gehabt. Alle Propheten vor ihm waren gescheitert. Nie hatte sich das Volk bekehrt und nie von seinen frevelhaften Wegen abgelassen. Jona dagegen war es anders ergangen. Nun war er zornig, weil Gottes Erbarmen seiner Ansicht nach viel zu groß war. Eigentlich hätte Ninive für seine Sünden bestraft werden müssen, unabhängig davon, ob sich die Bewohner nun auf Grund seiner Botschaft bekehrt hatten oder nicht.

Schmollend verzog er sich an den Rand der Stadt und baute sich dort eine kleine Hütte. Gott war jedoch nicht nur den Bewohnern der Stadt Ninive gnädig, sondern auch dem schmollenden Jona. Er lässt ihm eine Rizinusstaude wachsen, die ihm Schatten geben soll. Am nächsten Morgen jedoch ist die Pflanze auf Gottes Anweisung hin verdorrt, und Jona hat keinen Schatten mehr in der heißen Mittagshitze.

Der Wunderbaum bildet einen imposanten Blütenstand aus, oben mit weiblichen, unten mit männlichen Blüten.

Jona war nun erzürnt über den verdorrten Rizinusbaum und beschwerte sich bei Gott darüber. Gott aber machte Jona klar: „Du hast Mitleid mit dem Rizinusbaum, um den du dich nicht gekümmert hast und den du nicht herangezogen hast, der in einer Nacht heranwuchs und in einer Nacht verdorrte. Und ich soll nicht Mitleid haben mit Ninive?" Die Geschichte von Jona und dem Rizinus wurde so zu einem schönen Beispiel, wie groß die Liebe Gottes ist.

Da ließ Gott, der Herr, einen Rizinusstrauch über Jona emporwachsen, der seinem Kopf Schatten geben und seinen Ärger vertreiben sollte. Jona freute sich sehr über den Rizinusstrauch. Als aber am nächsten Tag die Morgenröte heraufzog, schickte Gott einen Wurm, der den Rizinusstrauch annagte, sodass er verdorrte. Und als die Sonne aufging, schickte Gott einen heißen Ostwind. Die Sonne stach Jona auf den Kopf, sodass er fast ohnmächtig wurde. Da wünschte er sich den Tod und sagte: Es ist besser für mich zu sterben als zu leben. Gott aber fragte Jona: Ist es recht von dir, wegen des Rizinusstrauches zornig zu sein? Er antwortete: Ja, es ist recht, dass ich zornig bin und mir den Tod wünsche. Darauf sagte der Herr: Dir ist es leid um den Rizinusstrauch, für den du nicht gearbeitet und den du nicht großgezogen hast. Über Nacht war er da, über Nacht ist er eingegangen. Mir aber sollte es nicht leid sein um Ninive, die große Stadt, in der mehr als hundertzwanzigtausend Menschen leben, die nicht einmal rechts und links unterscheiden können – und außerdem so viel Vieh?

Jona 4,6–11

Rizinus in anderen Kulturkreisen

Als Heimat von *Ricinus* wird heute allgemein das tropische Afrika angesehen. Es ist aber auch möglich, dass die Art in Ostindien ursprünglich ist, wo sie bereits im Altertum in Kultur stand. Auf alle Fälle kann man sagen, dass *Ricinus communis* eine uralte Ölpflanze ist, deren Öl vielfältig verwendet wurde.

In einem Kräuterbuch des Lonicerus aus dem Jahre 1528 heißt es: „Diss isst ein köstlich Kraut und das kompt aus Egypten…30 Zeckenkörner dieses Baumes zerstosen und eingtruncken, purgieren und reinigen den Magen, führen Wasser und Gallen durch den Stuhlgang." Falsch ist allerdings Lonicerus' Aussage, dass ganze Samen in zerstoßener Form als Heiltrank dienen können, da bereits der Genuss von drei Samen tödlich endet.

Rizinusöl wurde und wird sowohl medizinisch als auch technisch verwendet. Rizinusöl besitzt die allen fetten Ölen zukommende abführende Wirkung in verstärktem Maße und wird daher auch seit uralter Zeit als Abführmittel genutzt. Sehr alt ist auch die Anwendung als Haarwuchsmittel. Technische Verwendung findet das Öl in der Kosmetik, in der Woll- und Baumwollappretur, in der Leder- und Seifenindustrie und als Leuchtmittel (das Öl liefert ein helles weißes Licht). Auf Grund seiner hohen Viskosität und Hitzebeständigkeit ist es auch ein ausgezeichnetes Schmiermittel für Motoren mit hoher Drehzahl.

Die Samen enthalten das toxische Protein Ricin, das nicht in das Öl übergeht. Deshalb darf der Presskuchen nicht direkt verfüttert werden. Erst durch Erhitzen auf 125 °C oder zweimaliges Kochen mit der jeweils dreifachen Wassermenge lässt sich das Ricin aus dem Presskuchen entfernen. Der Presskuchen dient häufig als Brennmaterial und neuerdings verstärkt als organischer Dünger.

Steckbrief

Wuchs: 1–4 m hohes, meist buschiges Kraut. Stängel starr aufrecht, grün oder bräunlich rot, oft blau bereift.
Laub: Blätter lang gestielt, spiralig angeordnet, 15–45 cm lang. Sie teilen sich in 5–12 eilängliche oder lanzettliche, gezähnte Lappen. Je nach Sorte sind sie hellgrün, grün, braunrot oder auch dunkelviolett gefärbt und werden von stark ausgeprägten Adern durchzogen.
Blüte: Der Blütenstand ist eine traubenförmige Rispe und endständig am Stängel oder den Zweigen angeordnet. Aus den Blattachseln unterhalb des Blütenstandes entwickeln

Die stark wachsenden Wunderbäume gibt es in Sorten, die sich in der Färbung des Laubes, der Stängel und der Früchte unterscheiden.

sich weitere Zweige, die nach einer sortentypischen Anzahl von Nodien ebenfalls endständige Blütenstände bilden. Im Blütenstand stehen die weiblichen Blütenorgane an der Spitze, die männlichen an der Basis.

Früchte: Bis zu 3 cm große Kapsel, die entweder glatt oder stachelig ist. Sie enthält drei große Samen.

Herkunft: Die Heimat dieser sehr anpassungsfähigen, über die gesamten Tropen, Subtropen und wärmeren Lagen des gemäßigten Klimas verbreiteten und teilweise verwilderten Pflanze liegt wahrscheinlich in Ostafrika.

Achtung!

Da die Samen des Rizinus sehr giftig sind, sollte man bei Kleinkindern im Haushalt die Blütenstände unmittelbar nach der Blüte herausbrechen.

Kultur- und Pflegehinweise

Verwendung: Rizinus ist wegen seiner majestätischen Pracht, der Größe und der Schönheit seiner Blätter in unseren Gärten als ornamentale Zierpflanze in Rasenflächen und Beeten beliebt, wo sie meist einjährig gezogen wird. Ebenso gut kann sie aber auch als Kübelpflanze mehrjährig gehalten werden.

Verfügbarkeit im Handel: Wird nur gelegentlich im Handel angeboten. In der Regel wird man Samen kaufen, der überall angeboten wird, und selbst aussäen. Es gibt eine Reihe von Sorten auf dem Markt, die sich vor allem in der Färbung der Blätter voneinander unterscheiden.

Beetkultur: Für ein optimales Wachstum benötigt *Ricinus* einen sonnigen, warmen Platz, der windgeschützt sein sollte.

Topfkultur: Als Kübelpflanze kann man Rizinus auch mehrjährig halten. Die Überwinterung muss hell bei Temperaturen nicht unter 10 °C erfolgen.

Gießen: Im Sommer benötigen die Pflanzen aufgrund ihrer großen Blattmasse viel Wasser. Eine regelmäßige und ausreichende Wasserversorgung muss gewährleistet sein, insbesondere bei der Kultur in Töpfen.

Düngen: Eine wesentliche Vorraussetzung für schöne und gesunde Pflanzen ist eine ausgewogene, regelmäßige Düngung.

Krankheiten und Schädlinge: Weitgehend frei von Krankheiten und Schädlingen.

Cyperus papyrus am natürlichen Standort, wo die Pflanze ausgedehnte Bestände am Ufer und im seichten Wasser bildet.

Papyrus

Cyperus papyrus

Das hebräische Wort *gomeh* kommt in der Bibel mehrmals vor. Es wird aber von den Übersetzern verschieden wiedergegeben, so an einer Stelle mit Papyrus, an anderer Stelle mit Schilfrohr oder auch nur mit Rohr. Allerdings geht man davon aus, dass es sich in all diesen Fällen um die Pflanze *Cyperus papyrus* handelt.

Erwähnt wird Papyrus unter anderem in der Ankündigung des Gerichtes über Kusch.

Weh dem Land der Heuschreckenschwärme jenseits der Flüsse von Kusch. Es schickt seine Boten aus auf dem Nil, in Papyruskähnen über das Wasser. Geht, ihr schnellen Boten, zu dem hoch gewachsenen Volk mit der glänzenden Haut, zu der Nation, die man weit und breit fürchtet, zu dem Volk, das kraftvoll alles zertritt, dessen Land von den Flüssen durchschnitten wird.

Jesaja 18,1–2

Papyrus in anderen Kulturkreisen

Papyrus ist der Name für das antike Schreibmaterial, das aus dem Mark von *Cyperus papyrus* gewonnen wurde. Als der König Eumenes von Pergamon den ehrgeizigen Plan fasste, die weltberühmte ägyptische Bibliothek in Alexandria durch eine Neugründung in Pergamon zu übertreffen, sperrte sein Gegner, der König Ptolemäus Epiphanes von Ägypten, die Ausfuhr von Papyrus. In dieser Zwangslage wurde in Pergamon ein neues Verfahren erfunden, Tierhäute zu geeignetem Schreibmaterial zu verarbeiten. Nach dem Ursprungsort erhielt es den Namen Pergamene, unser heutiges Pergament.

Der Papyrus blieb aber bis zum Ende des 3. Jahrhunderts n. Chr. das bevorzugte „Papier", auf das auch die Originaltexte der Evangelien geschrieben waren.

Das Hauptproduktionsland von Papyrus war zur damaligen Zeit Ägypten, wo die Papyrusstaude in den durch die Nilüberschwemmung gebildeten Sümpfen, besonders im Nildelta, in reicher Fülle wuchs.

In der Naturgeschichte – der „Historia naturalis" – von Plinius dem Älteren (23–79 n. Chr.) finden wir einen interessanten Originalbericht über die Herstellung und Verwendung des Papyrus. Die Stängel wurden zunächst entrindet. Das so gewonnene faserige Mark dieser Sumpfpflanze wurde in schmale, 30–40 cm lange Streifen zerschnitten, die dann in zwei Lagen kreuzweise übereinander gelegt und anschließend zusammengepresst und durch festes Klopfen miteinander verbunden wurden. Papyrus kam ohne festigende Bindemittel aus, da der beim Zusammenpressen austretende, stärkehaltige Saft der Pflanze diese Funktion übernahm. Nach dem Trocknen wurden die Blätter mit einem Elfenbein- oder Ebenholzhammer geglättet. Etwa 20, mit Mehlkleister zusammengeklebte Blätter bildeten eine Papyrusrolle, deren Länge in der Regel zwischen 3 und 6 m betrug. Zum Beschreiben wie zum Lesen rollte man sie an einem Ende ab und wickelte sie am anderen auf einen zweiten Stab auf.

Der Papyrus wurde aber nicht nur zur Papierherstellung genutzt. Aus der Stängelrinde fertigte man Stricke und Matten, aber auch kunstvoll geflochtene Körbe oder Sandalen, wie sie im Grab Tut-anch-amuns gefunden wurden. Die festen, elastischen und lufthaltigen Stängel boten ein ausgezeichnetes Baumaterial für Schiffe. Dies hat nicht zuletzt der Norweger Thor Heyerdahl bewiesen, der nach altägyptischen Vorbildern ein Papyrusschiff baute. Mit seinem zweiten Schiff, der „Ra II", gelang es ihm 1970, von Nordafrika aus auf dem Seeweg den amerikanischen Kontinent zu erreichen.

Auch als Nahrungsmittel wurde Papyrus verwendet. So berichtet Theophrast: „Es kauen alle Einwohner den Papyrus, sei es roh, gekocht oder geröstet. Den Saft verschlucken sie, das Gekaute werfen sie aus." Und Herodot berich-

Oberhalb des Blattschopfes bildet der Papyrus mehrstrahlige Blütendolden aus.

Die Blattspreiten des Papyrus waren in gepresster und zusammengefügter Form Vorläufer des Papieres (Ägyptischer Papyrus, 21. Dynastie, Neues Reich, 11./10. Jh. v. Chr. Totenbuch des Amunpriesters Chensumose. – Die Baumgöttin Nut reicht dem Verstorbenen Speise und Trank. Standort: Kunsthistorisches Museum Wien).

tet: „Den Byblos aber, der alljährlich wächst, ziehen sie (die Ägypter) aus den Sümpfen heraus, schneiden das oberste ab und gebrauchten es zu irgend etwas andrem; das unterste aber, das nur noch übrig bleibt, etwa eine Elle lang, essen und verkaufen sie. Wer sich aber den Byblos recht schmackhaft machen will, der röstet ihn zuvor in einem heißen Ofen und dann isst er ihn."

Steckbrief

Wuchs: Ausdauernde, an natürlichen Standorten 2–3 m hohe Staude mit aufrechten, ungegliederten, abgerundeten, dreikantigen Sprossen.
Laub: Endständig in einem Schopf, zierlich, lang herabhängend.
Blüte: Oberhalb des Blattschopfes in großen, mehrstrahligen Dolden, die aus Ähren zusammengesetzt sind.
Früchte: Nussähnliche Schließfrüchte.
Herkunft: Ursprünglich im tropischen Zentralafrika heimisch, von hier frühzeitig durch Kultur nach Ägypten, Israel und Jordanien gebracht. Heute in allen tropischen, subtropischen und mediterranen Gebieten eine häufige Zierpflanze.

Kultur- und Pflegehinweise

Verwendung: Papyrus ist eine stattliche und durch ihre eigenartige Tracht allgemein auffallende Zimmer- oder Wintergartenpflanze, die ganzjährig hohe Temperaturen benötigt.
Verfügbarkeit im Handel: Im örtlichen Pflanzenhandel wird der Echte Papyrus nur sporadisch angeboten, meist erhält man ihn nur auf Nachfrage. Alternativ könnte der häufig angebotene, auf Madagaskar heimische *Cyperus alternifolius* verwendet werden.
Standort: Helle, sonnige Standorte sind Voraussetzung für eine artgerechte Entwicklung. Als tropische Pflanze ist sie auf Wärme angewiesen. Die Temperaturen sollten auf Dauer 12 °C nicht unterschreiten. Je wärmer der Papyrus steht, desto rascher wächst er. Weniger wärmebedürftig ist *C. alternifolius*.
Gießen: Als Sumpfpflanze sollte Papyrus immer in einem flach mit Wasser gefüllten Untersatz stehen.
Düngen: In den Frühjahrs- und Sommermonaten ist regelmäßig, im Herbst und Winter nur sporadisch zu düngen.
Krankheiten und Schädlinge: Obwohl Papyrus feucht stehen muss, was eine hohe Luftfeuchtigkeit bewirkt, werden die Pflanzen häufig von den an sich trockenheitsliebenden Spinnmilben befallen. Auch auf Wollläuse muss geachtet werden.

Cyperus papyrus ist wärmebedürftig, kann im Sommer aber auch in den Garten gestellt werden.

Dornenpflanzen in der Bibel

Eine Pflanzengruppe, der etwas Negatives anhaftet, sind Pflanzen mit Dornen. Zumindest werden Dornen von uns Menschen im Allgemeinen nicht besonders geschätzt. Das ist heute nicht anders als zu biblischen Zeiten. Über 70 Arten von Pflanzen mit spitzen Schutzeinrichtungen gehören zur Flora Israels, und mehr als 20 Namen von „Dornen" werden in der Bibel erwähnt.

Wir haben keine letzte Gewissheit, welche Pflanze die Zweige für die Dornenkrone lieferte, doch war es aller Wahrscheinlichkeit der Kugeldornenstrauch (*Sarcopoterium spinosum*). Bei dieser Pflanze, die auch den Namen Dornige Becherblume trägt, handelt es sich um einen kleinen, dornigen Zwergstrauch, der auch um Jerusalem verbreitet ist. Der etwa 30–60 cm hohe Strauch ist sehr dicht und unregelmäßig verzweigt und mit dornigen, blattlosen Kurztrieben ausgestattet. Die an den Langtrieben sitzenden, gefiederten Blätter bestehen aus mehreren gezähnten Fiederblattpaaren. Die kleinen grünen Blüten sind eingeschlechtig, wobei die weiblichen Blüten über den männlichen stehen. Sie erscheinen im Frühjahr und entwickeln sich zu kugeligen Früchten mit einer Fruchthülle und zwei oder drei Samen.

Die Dornenkrone Jesu

Mit boshaftem Spott krönten die römischen Soldaten Jesus mit einer Dornenkrone.

Die goldgelben Blütenstände von ***Scolymus maculatus*** sind von einer wehrhaften Bedornung umgeben.

Die dornigen Zweige von *Sacropoterium spinosum* sollen zur Herstellung der Dornenkrone Jesu gedient haben.

Dann flochten sie einen Kranz aus Dornen; den setzten sie ihm auf und gaben ihm einen Stock in die rechte Hand. Sie fielen vor ihm auf die Knie und verhöhnten ihn, indem sie riefen: Heil dir, König der Juden!

Matthäus 27,29

Dann legten sie ihm einen Purpurmantel um und flochten einen Dornenkranz; den setzten sie ihm auf.

Markus 15,17

Die Soldaten flochten einen Kranz aus Dornen; den setzten sie ihm auf und legten ihm einen purpurroten Mantel um.

Johannes 19,2

Jesus spricht vom Dornstrauch und von Disteln im Rahmen der Bergpredigt.

Jeden Baum erkennt man an seinen Früchten: Von den Disteln pflückt man keine Feigen und vom Dornstrauch erntet man keine Trauben."

Lukas 6,44

Auch im Alten Testament werden „Dornen" immer wieder erwähnt.

Dornen und Schlingen liegen auf dem Weg des Falschen; wer sein Leben behütet, bleibt ihnen fern.

Sprichwörter 22,5

Wenn seinen Ertrag ich verzehrte, ohne zu bezahlen, das Verlangen seines Herrn ich unerfüllt ließ, sollen Dornen wachsen statt Weizen, statt Gerste stinkendes Kraut.

Ijob 31,39–40

Ich bin eine Blume auf der Wiese des Scharon, eine Lilie der Täler. Eine Lilie unter Disteln ist meine Freundin unter den Mädchen.

Hohelied 2,1–2

Golddistel

Scolymus hispanicus und *Scolymus maculatus*

Nicht immer ist sicher, um welche Pflanzenart es sich bei den einzelnen Bibelstellen, wo Dornen und Disteln genannt werden, tatsächlich handelt. Bei den Dornen aus dem Gleichnis vom Sämann handelt es sich aber vermutlich um die Golddistel (*Scolymus maculatus* bzw. *S. hispanicus*). Diese wunderschöne Distel ist in Israel weit verbreitet und auf den Getreidefeldern ein gefürchtetes Unkraut.

An jenem Tag verließ Jesus das Haus und setzte sich an das Ufer des Sees. Da versammelte sich eine große Menschenmenge um ihn. Er stieg deshalb in ein Boot und setzte sich; die Leute aber standen am Ufer. Und er sprach lange zu ihnen in Form von Gleichnissen. Er sagte: Ein Sämann ging aufs Feld, um zu säen. Als er säte, fiel ein Teil der Körner auf den Weg und die Vögel kamen und fraßen sie. Ein anderer Teil fiel auf felsigen Boden, wo es nur wenig Erde gab, und ging sofort auf, weil das Erdreich nicht tief war; als aber die Sonne hochstieg, wurde die Saat versengt und verdorrte, weil sie keine Wurzeln hatte. Wieder ein anderer Teil fiel in die Dornen und die Dornen wuchsen und erstickten die Saat. Ein anderer Teil schließlich fiel auf guten Boden und brachte Frucht, teils hundertfach, teils sechzigfach, teils dreißigfach. Wer Ohren hat, der höre!

Matthäus 13,1–9

Die Golddistel als Nutzpflanze

Die Golddistel wurde früher auch bei uns als Wurzelgemüse angepflanzt. Im Mittelmeerraum ist sie heute noch als Gemüsepflanze von Bedeutung. Der Geschmack ist würzig, ähnlich dem Geschmack der Schwarzwurzel (*Scorzonera hispanica*), erreicht aber nicht deren Güte. Alle Teile, besonders die Laubblätter, enthalten ein Labenzym.

Steckbrief

Wuchs: Zwei- oder mehrjährige krautige Pflanze mit rübenförmiger Wurzel und drahtigem Stängel, der sich nach oben hin verzweigt. *S. hispanicus* unterscheidet sich von *S. maculatus* durch seinen Stängel, der sich von unten an besonders reich verzweigt.
Laub: Blätter verkehrt-lanzettlich, am Stängel herablaufend, schrotsägeförmig eingeschnitten, mit weißdornig gezähnten Abschnitten.
Blüte: Korbblüte aus gelben Einzelblüten. Hüllblätter kammförmig bedornt.
Früchte: Kleine Nüsschen.
Herkunft: Ursprüngliche Heimat Kleinasien, Persien, Syrien, Nordafrika, heute auf der ganzen Welt verbreitet. In Südamerika wurde die Golddistel zu einem besonders lästigen Unkraut.

Kultur- und Pflegehinweise

Verwendung: Golddisteln sind mit ihren lang haltenden, goldgelben Korbblüten attraktive Blütenpflanzen. Man kann sie auf Beete zwischen Sommerblumen pflanzen oder auch in Töpfen als kleinere Kübelpflanzen halten. Die Pflanzen sind zweijährig bis staudig, sollten aber für die Topfkultur jährlich neu herangezogen werden.
Verfügbarkeit im Handel: Als Pflanze ist die Golddistel noch nicht oder nur vereinzelt im Handel erhältlich. Auch die Beschaffung von Saatgut ist nicht ganz einfach. In der Regel ist man auf das Wohlwollen Botanischer Gärten angewiesen, die auf Anfrage in der Regel bereit sind, einige Samen abzugeben.
Standort im Sommer: Vollsonnig, im Schatten werden die Pflanzen lang und unansehnlich.
Standort im Winter: Frei ausgepflanzte Exemplare sollten im Winter mit Stroh oder ähnlichen Materialien abgedeckt werden, weil sie stärkere Fröste nicht vertragen. In Töpfen gehaltene Pflanzen sind frostfrei bei Temperaturen um 0 °C zu überwintern.
Beetkultur: Aussaat ab Ende März bis Ende April bei 20 °C in Schalen am Fensterbrett oder im Gewächshaus. Nach dem Aufgehen einzeln in kleine Töpfe pikieren und ab Mitte Mai im Abstand von 30 x 30 cm auspflanzen.
Topfkultur: Aussaat wie bei Beetkultur. Pikieren allerdings mit 3–5 Pflanzen in den 25–30 cm großen Endtopf.
Gießen: Der Wasserbedarf ist im Sommer hoch. Bei Wassermangel werden die unteren Blätter schnell gelb, wodurch das Aussehen der Pflanze erheblich leidet.
Düngen: Während der gesamten Vegetationszeit ist regelmäßig zu düngen, insbesondere bei Topfkultur.
Krankheiten und Schädlinge: An jungen Trieben sind im Frühjahr Blattläuse nicht selten. Auf Schnecken achten.

Ob ausgepflanzt auf Beeten oder in Töpfe gesetzt: *Scolymus maculatus* ist vielseitig einsetzbar.

Blumen des Feldes

Hunderte von Blumenarten bedecken im Laufe des Jahres die Berge und Täler des Heiligen Landes und selbst die Wüste blüht im Frühjahr. In der Bibel werden Blumen häufig erwähnt, aber nur wenige sind mit spezifischen Namen bezeichnet. Aber selbst dort, wo in den verschiedenen Bibelübersetzungen spezifische Namen genannt werden, ist es fraglich, ob es sich dabei wirklich um diese Blumenart handelt. So ist es wahrscheinlich, dass das Wort in Jesu Mund ...

Und was sorgt ihr euch um eure Kleidung? Lernt von den Lilien, die auf dem Feld wachsen: Sie arbeiten nicht und spinnen nicht. Doch ich sage euch: Selbst Salomo war in all seiner Pracht nicht gekleidet wie eine von ihnen.

Matthäus 6,28–29

... keiner besonderen Blumenart – hier den Lilien – gilt, sondern den Blumen des Feldes insgesamt. Das Bild, wenn im Frühling und Sommer „wilde" Blumen durch ihr massenhaftes Vorkommen viele Landschaften verzaubern, ist jedem Besucher des Heiligen Landes bekannt.

In der Sprache der Heiligen Schrift dienen Blumen nicht nur der Ausschmückung der biblischen Geschichten, sondern werden als eigene Symbole selbst zu einer Geschichte. So sind bei Jesaja Gräser und Blumen Sinnbild für Schönheit und Vergänglichkeit.

Eine Stimme sagte: Verkünde! Ich fragte: Was soll ich verkünden? Alles Sterbliche ist wie das Gras und all seine Schönheit ist wie die Blume auf dem Feld. Das Gras verdorrt, die Blume verwelkt, wenn der Atem des Herrn darüber weht. Wahrhaftig, Gras ist das Volk. Das Gras verdorrt, die Blume verwelkt, doch das Wort unseres Gottes bleibt in Ewigkeit.

Jesaja 40,6–8

Anmut und Schönheit entzücken das Auge, doch mehr als beide die Blumen des Feldes.

Sirach 40,22

Des Menschen Tage sind wie Gras, er blüht wie die Blume des Feldes. Fährt der Wind darüber, ist sie dahin; der Ort, wo sie stand, weiß von ihr nichts mehr. Doch die Huld des Herrn währt immer und ewig für alle, die ihn fürchten und ehren; sein Heil erfahren noch Kinder und Enkel; alle, die seinen Bund bewahren, an seine Gebote denken und danach handeln.

Psalm 103,15–18

Die Blume ist auch Bild der ewigen Erneuerung des Lebens, ganz genau so, wie es im Hohelied Salomos aufgezeichnet ist:

Denn vorbei ist der Winter, verrauscht der Regen. Auf der Flur erscheinen die Blumen; die Zeit zum Singen ist da. Die Stimme der Turteltaube ist zu hören in unserem Land.

Hohelied 2,11–12

Zur Auswahl der Blumen

Aus der Vielzahl der in Israel zu biblischen Zeiten und auch heute noch verbreiteten Blumen haben wir vier hübsche Frühlings- und Sommerblumen ausgewählt, die sich bei uns für die Kultur auf Gartenbeeten sowie in Töpfen und Schalen eignen.

Kronen-Anemone

Anemone coronaria

Im Frühjahr bedecken tausende von scharlachroten Blüten der Kronen-Anemone die Berge um Jerusalem und andere Gebiete des Heiligen Landes. Einige Botaniker meinen, dass es sich bei der „Lilie des Feldes" bei Matthäus 6, 28–29, in Wirklichkeit um die Kronen-Anemone handelt.
Der Name Anemone leitet sich vom griechischen Wort *anemons*, dem Wind ab. Der Name soll sich auf die leicht abfallenden Blumenblätter beziehen, die ein Spiel des Windes werden; andere erklären den Namen damit, dass sich die zarten Blüten im lauen Frühlingswind öffnen. In der griechischen Mythologie verwandelten sich die Tränen der Aphrodite, die um den sterbenden Adonis weinte, zu Anemonen.

Steckbrief

Wuchs: 25–40 cm hohe Staude mit flach knolligem, mehr oder weniger verästeltem, schwarzem Wurzelstock. Sie werden deshalb auch als „Klauen" bezeichnet. Nach der Blüten- und Fruchtbildung zieht die Pflanze ein.
Laub: Blätter 5–12 cm lang, dreiteilig handförmig gespalten und fein gezähnt, grundständig angeordnet.
Blüte: Die Blüten (6–8 cm im Durchmesser) stehen auf 20–

Landschaft mit Kronen-Anemone (*Anemone coronaria*), eine besondere Blütenpracht der Natur.

40 cm hohen Stielen. Drei quirlig angeordnete, vielspaltige Hochblätter umgeben die sechs unterseits mehr oder weniger behaarten Kronblätter, die bei der Art scharlachrot gefärbt sind. Die Staubfäden und Staubbeutel sind auffällig schwarz und meist von einem hellen Hof umgeben. Die Blüten öffnen sich nur tagsüber und schließen sich in der Nacht. Blütezeit von März bis Mai; Blühdauer 6–8 Wochen.
Früchte: Die Früchte sind mit dichter Wolle besetzt oder durch den verlängerten, abstehend behaarten Griffel geschwänzt.
Herkunft: Die natürliche Verbreitung erstreckt sich von den gemäßigten Teilen Europas über das gesamte Mittelmeergebiet bis in die Länder Nordafrikas und Kleinasiens.

Kultur- und Pflegehinweise

Verwendung: Vorzüglich für Staudenpflanzungen und Steingärten geeignet, wo sie in Gruppen gepflanzt einen effektvollen Frühlingsflor bringen. Auch die Kultur in Töpfen und Schalen ist möglich. Als Schnittblumen im knospigen Zustand geschnitten, halten die Blüten 8–10 Tage in der Vase, wenn das Wasser täglich gewechselt wird.
Verfügbarkeit im Handel: Knollen werden wie Blumenzwiebeln trocken gehandelt und regelmäßig auch im örtlichen Blumenhandel angeboten. Dabei handelt es sich ausschließlich um Züchtungen beziehungsweise Auslesen der Art mit roten Blüten, auch blaue und weiße Sorten in allen

Die Wilde Malve (*Malva sylvestris*) ist eine auffällige Blütenpflanze, die auch bei uns weit verbreitet ist.

Schattierungen sind im Handel. Neben einfachen ('Caen Hybriden') gibt es halb gefüllte oder gefüllte Sorten (beispielsweise 'St. Brigid-Anemonen'). Die einfach blühenden Kronen-Anemonen sind in der Regel stärker im Wuchs, blühen früher und haben größere Blüten als die gefüllten. Seit einigen Jahren im Frühjahr auch als Topfpflanze im Blumenhandel erhältlich.

Kultur im Garten: Wärmebedürftig, nur bedingt frosthart. Gegenden mit Weinbauklima oder Standorte mit entsprechenden kleinklimatischen Bedingungen sind zu bevorzugen. Grundsätzlich ist zu empfehlen, die Pflanzstellen im Winter mit Fichtenreisig abzudecken. Die Knollen werden in den Monaten September bis Oktober je nach Größe 5–10 cm tief, auf Abstände zwischen 10–20 cm gelegt. Der Boden sollte humos und gut wasserdurchlässig sein.

Kultur im Topf: Mit der Topfkultur sollte zum selben Zeitpunkt wie mit der Freilandkultur begonnen werden, wenn die Pflanzen im darauffolgenden Frühjahr blühen sollen. Die Knollen werden 5–10 cm tief in die Töpfe mit qualitativ hochwertiger Topferde gelegt. Danach die Töpfe mit einer schwarzen Folie oder etwas Reisig abdecken und an einem geschützten Platz im Freien, in kühlen Kellern oder Frühbeetkästen aufstellen. Wenn die Knollen zu treiben beginnen, stellt man die Pflanzen ans Licht, jedoch nicht zu warm, um ein rasches Verblühen zu vermeiden. Nach der Blüte und dem Einziehen der Pflanze können die Knollen aus dem Topf herausgeholt und bis zum Herbst trocken gelagert werden, bevor man sie wieder in frische Erde pflanzt.

Gießen: Vor zuviel Nässe sollten die Pflanzen im Winter geschützt sein, um Fäulnis zu vermeiden. Beginnen die Pflanzen im Frühjahr zu wachsen, darf die Erde nicht austrocknen und eine ausreichende Wasserversorgung sollte sichergestellt sein.

Düngen: Mit beginnendem Wachstum und Einwurzeln der Jungpflanzen im Frühjahr sollte bei Topfkultur wöchentlich ein flüssiger Mehrnährstoffdünger verabreicht werden. Alternativ können aber auch granulierte mineralische oder organische Dünger verwendet werden.

Krankheiten und Schädlinge: Gelegentlich kann Grauschimmel als Folge eines anhaltend feuchten Milieus und mangelhafter Luftumwälzung auftreten.

Wilde Malve

Malva sylvestris

Die Wilde Malve, eine weitere Blume des Feldes, ist nicht nur eine hübsche, auffällige Blütenpflanze, sondern ist auch als Heilpflanze seit dem Altertum in Gebrauch und fand und findet auch als Gemüsepflanze Verwendung.

Bezeichnend für die Wilde Malve ist der hohe Gehalt an Schleimstoffen in den Zellen. Der Botaniker und Bibel-Wissenschaftler Professor Michael Zohary geht davon aus, dass es sich bei dem „fadem Schleim" bzw. der „ungesalzenen Speise" in der folgenden Bibelstelle um ein aus Malven-

oder Stockrosenblättern (*Althaea*) zubereitetes, spinatähnliches (schleimiges) Gemüse handelt.

> *Isst man denn ungesalzene Speise? Wer hat Geschmack an fadem Schleim? Ich sträube mich, daran zu rühren, das alles ist mir wie verdorbenes Brot.*
>
> Ijob 6,6–7

Die Malve in anderen Kulturkreisen

Der Name Malve soll aus einer Sprache des Mittelmeerraumes stammen und mit dem hebräischen Wort *malluah* verwandt sein, was soviel wie salatähnliches Gemüse bedeutet. Aus der Zeit der Griechen und Römer ist die Verwendung der Malve als Gemüse gegen Verstopfung überliefert. Auch soll die Malve gegen Epilepsie und Schwindsucht helfen, gegen Husten und Heiserkeit wie auch gegen Mundgeschwüre, Beulen und Geschwülste. Mancherorts hieß sie deshalb auch „Allerkrankheitskraut“. Dioskurides befand die Malve als ein Mittel gegen „tödliche Gifte“. Der römische Geschichtsschreiber Plinius sprach von einer geburtsfördernden Wirkung der Pflanze, wenn man der Gebärenden ein Blatt unterlege. Außerdem hielt er die Samen der Pflanze für ein Aphrodisiakum. Hildegard von Bingen empfahl die Einnahme zermörserter Blätter bei schwachem Magen. Außerdem riet sie, zur Verbesserung des Sehvermögens den im Morgengrauen von Malvenblättern gesammelten Tau um die Augenlider zu streichen.

Auch in der Mythologie hat die Malve unterschiedliche Deutungen erfahren. So sahen die Phythagoräer in ihr beispielsweise die Befreiung des Geistes von der Knechtschaft der Liegenschaften. In christlicher Deutung symbolisiert sie die Vergebung der Sünden einer verhärteten Seele, in den Hexenprozessen des 16. Jahrhunderts aber wurde sie gar als Hexenkraut verdammt. In der „Blumensprache“ des 19. Jahrhunderts ist sie Ausdruck der Wertschätzung des liebsten Freundes. Auch Goethe maß der Malve Bedeutung zu, pflanzte er doch eine „Malvenallee“ entlang seines Gartenwegs.

Heute helfen die getrockneten Blätter, noch mehr die Blüten als Tee oder Aufguss bei Husten oder Heiserkeit. In der alternativen Medizin wird die Malve äußerlich als abschwellendes Mittel bei Insektenstichen oder zur Wundbehandlung bei Ekzemen eingesetzt. Der in den Blüten enthaltene Farbstoff Malvin wird unter anderem zum Färben von Lebensmitteln verwendet. Für die Gemüsezubereitung verwendet man neben den jungen Blättern auch die Blütenknospen.

Steckbrief

Wuchs: 25 cm bis mannshohe, krautige Pflanze mit buschigem Wuchs. Sie kann ein- oder zwei-, selten auch mehrjährig sein.
Stängel: Niederliegend oder bogig aufsteigend, rau behaart und innen mit lockerem Mark ausgefüllt.
Laub: Die etwa 10 cm breiten, mittel- bis dunkelgrünen, lang gestielten Blätter sitzen wechselständig am Stängel. Sie sind nierenförmig bis abgerundet, leicht gelappt.
Blüte: Die rosapurpurnen Blüten sind dunkelviolett geädert und etwa 4 cm breit. Sie erscheinen von Juli bis Oktober zu 2–6 fortlaufend in den Blattachseln.
Früchte: Eine Spaltfrucht, die in einzelne Teilfrüchte zerfällt.
Herkunft: Der genaue Herkunftsort ist unbekannt. Es wird jedoch vermutet, dass sie aus dem Mittelmeerraum stammt. Heute kommt sie in vielen Ländern der Erde vor, so auch in Nordamerika, wo sie wie bei uns Brachflächen, Schuttstellen, Straßen- und Wegeränder besiedelt.

Kultur- und Pflegehinweise

Verwendung: Als klassische Pflanze des Bauerngartens eignet sich die Wilde Malve besonders gut als Beetpflanze für naturnahe Pflanzungen oder als schmückende Begleitpflanze für häusliche Nutzgärten. Darüber hinaus kann sie auch in Töpfen und kleinen Kübeln kultiviert werden.

Kaum dem Samenkorn entronnen, bildet die Wilde Malve Blüten aus, die auch als Tischschmuck gut zur Geltung kommen.

Verfügbarkeit im Handel: Pflanzen werden im Handel bei uns kaum angeboten. In der Regel ist man auf die eigene Anzucht angewiesen, wobei man dazu am besten selbst gesammeltes Saatgut verwendet. Die anspruchslose, Stickstoff anzeigende Pflanze ist unter anderem an Wegrändern und auf Brachflächen zu finden. In England hat man sich der Wilden Malve züchterisch angenommen, dort existieren auch einige Sorten.
Beetkultur: Die Wilde Malve sollte man, obwohl mehrjährig, jährlich neu heranziehen, was ohne Probleme geht. Der Standort sollte sonnig, der Boden locker sein. Die Samen, die bis zu vier Jahre keimfähig bleiben, können ab Anfang April direkt an Ort und Stelle ausgesät werden. Sie keimen nach 1–2 Wochen und blühen dann gewöhnlich bis zum ersten Frost. Man kann die Pflanzen aber auch am Fensterbrett oder im Gewächshaus vorkultivieren und später auspflanzen. Einmal im Garten etabliert, findet in der Regel Jahr für Jahr eine reiche Selbstaussaat statt.
Topfkultur: Für die Kultur in Töpfen sät man Mitte bis Ende April aus und setzt später mehrere Pflanzen im Topf zusammen. Vor April sollte man mit der Aussaat für Topfkultur nicht beginnen, weil die Pflanzen sonst leicht zu lang werden.
Gießen: Bei Topfkultur muss regelmäßig gegossen werden. Einmal ballentrocken geworden, erholen sich die Pflanzen nicht wieder.
Düngen: In Topfkultur ausreichend düngen.
Krankheiten und Schädlinge: Gelegentlich kann Malvenrost auftreten.

Klatsch-Mohn

Papaver rhoeas

Der Klatsch-Mohn war und ist wohl eine der wichtigsten Blumen des Feldes in den Ländern der Heiligen Schrift. Er wird zwar wörtlich nicht erwähnt, doch war er sicherlich an vielen Stellen der Bibel bei der Umschreibung Blume gemeint.

Klatsch-Mohn in anderen Kulturkreisen

Der Klatsch-Mohn hat mit seinen brennend roten Blüten viele Völker beeindruckt. Von den alten Ägyptern wurden die Blüten als Grabschmuck benutzt. Nach Schweinfurth fanden sich vollkommen erhaltene Blüten bei der Mumie der Prinzessin Nsichonsu, Tochter des Königs Tonthonthuti aus der 21. Dynastie (1100–1000 v. Chr.). Im „Codex Vindobonensis", der für die byzantinische Prinzessin Anicia Juliana angefertigt wurde, befindet sich eine Zeichnung eines Klatsch-Mohns. Auch Homer erwähnt ihn in seinem Epos „Illiad" und vergleicht darin die hängende Mohnblüte mit dem Haupt eines sterbenden Kriegers. Darüber hinaus sind viele Gestalten in der griechischen und römischen Götterwelt mit dem Mohn assoziiert. So beispielsweise der griechische Gott Morpheus, der Kronen aus den Mohnblüten anfertigte und sie all jenen gab, die er in Schlaf fallen lassen wollte (hier ist vermutlich der Schlaf-Mohn *Papaver somniferum* gemeint!). Die roten Blüten werden auch mit Kriegen in Verbindung gebracht. Legenden zufolge sollen sich auf den blutüberströmten, von Dschingis Khan zurückgelassenen Schlachtfeldern weiß blühende Teppiche aus Klatsch-Mohn gebildet haben. Ein ähnlicher Mythos wird von den Kriegsfeldern Napoleons berichtet. Auf diesen Mythen basierend wurde von der Amerikanerin Moina Michael nach dem Ersten Weltkrieg der Brauch eingeführt, eine wenn auch rote Blüte des Klatsch-Mohns in Gedenken an die Opfer der Kriege zu tragen. Die Französin Madame Guerin setzte diese Tradition schließlich in Europa fort und fertigte handgemachte Mohnblüten an, die sie verkaufte und somit Geld für die Opfer der Kriege sammelte. Auch heute noch erinnert man in Frankreich, Großbritannien, den USA wie in einigen anderen Ländern den Opfern der Kriege mit künstlich gefertigten Klatsch-Mohnblüten, die sichtbar an der Kleidung getragen werden.

Auch in der Medizin wird und wurde der Klatsch-Mohn verwendet. Die Flores rhoeados, welche im Juni und Juli gesammelt werden, enthalten wie die ganze Pflanze im Milchsaft Rhoeadin, ein nicht giftiges Alkaloid, das seit Jahrhunderten als Beruhigungsmittel eingesetzt wird. Auch soll dieses Produkt gelegentlich zum Färben von Wein und Tees eingesetzt worden sein. Die Römer sollen Klatsch-Mohn-Gebräu verwendet haben, um Liebeskummer zu beheben. Plinius und Theophrast führen die Blütenknospen als Speise an.

Seinen volkstümlichen Name „Klatsch-Mohn" hat *Papaver rhoeas* von dem klatschenden Geräusch, das entsteht, wenn man die Blütenblätter zwischen den Handflächen zerschlägt.

Anekdote zum botanischen Namen

Hinsichtlich des Gattungsnamens *Papaver* gibt es eine schöne Geschichte. Danach soll im Namen *Papaver* das Wort *papa, pater* (= Vater) stecken, weil Abkochungen von Mohnsamen unruhige kleine Kinder zur Ruhe brachten wie ein scharfer Blick oder ein Machtwort des Vaters ... so steht es jedenfalls in einem alten Glossar der lateinischen Sprache.

Steckbrief

Wuchs: Einjährige, wenig verzweigte Pflanze mit borstig behaarten Stängeln, die zwischen 30 und 80 cm hoch wird.
Laub: Blätter bläulich grün, ebenfalls behaart und etwa 15 cm lang. Die unteren kurz gestielt und tief fiederspaltig mit schmal gezähnten Abschnitten. Die oberen Laubblätter hingegen sitzen direkt am Stängel und sind meist nur dreiteilig ausgeformt.
Blüte: Die scharlachroten, seltener weißen oder violetten Blüten können im Durchmesser bis zu 8 cm erreichen, bleiben aber meist kleiner. Am Grunde tragen sie einen rundlichen, glänzenden, oft weiß berandeten, tiefschwarzen Fleck. Hübsch anzusehen sind auch die vielen schwärzlichen Staubfäden, die blaugrüne Staubbeutel tragen, sowie die darüber stehende Narbe mit bis zu 18 Narbenstrahlen. Die Blütenknospe, die anfänglich nickend ist, richtet sich erst beim Aufblühen auf. Am Abend schließen sich die Blüten. Blütezeit Mai bis Juli.
Früchte: Nach der Befruchtung entwickelt sich eine aufrecht stehende Kapsel.
Herkunft: Die genaue Herkunft des Klatsch-Mohns ist unsicher, vermutlich stammt er aber aus dem Vorderen Orient. Heute ist er über den ganzen Erdball bis hin nach Australien und Neuseeland verbreitet.

Kultur- und Pflegehinweise

Verwendung: Gemischte Sommerblumen- und naturnahe Staudenpflanzungen lassen sich optisch durch Farbtupfer des Klatsch-Mohns zumindest zeitweise bereichern. Für größere Flächen ist der Klatsch-Mohn aufgrund der kurzen Blütezeit der Einzelpflanzen nur bedingt geeignet. Allerdings kann man durch gestaffelte Aussaatzeiten für längere Blütezeiten sorgen. In Töpfen und Schalen kann man auf Balkon und Terrasse hübsche Akzente setzen.

Verfügbarkeit im Handel: An Feldrainen sieht man wieder verstärkt den Klatsch-Mohn blühen, insbesondere dort, wo biologische Landwirtschaft betrieben wird. Hier hat man die Möglichkeit, Samen selbst zu ernten. In Samenhandlungen bekommt man Klatsch-Mohn-Samen in der Regel nur auf Nachfrage. Angeboten wird dann meist der so genannte 'Shirley-Mohn', der 1880 in England entstanden ist, oder der so genannte 'Seidenmohn'. Das Farbenspiel dieser Mischungen ist groß, es reicht von Dunkelscharlach über Zartrosa bis hin zu weißen Formen.

Beetkultur: Bei der Kultur auf Beeten ist Direktsaat, also Aussaat an Ort und Stelle üblich. Man sät entweder schon im Herbst oder im zeitigen Frühjahr bis etwa Mitte April. Die Samen sind nur flach in den Erdboden einzuarbeiten oder einfach mit einem Brett anzudrücken. Nicht zu dicht aussäen! Nach Aufgang der Saat muss auf mindestens 10 cm, besser 15–20 cm Abstand vereinzelt werden, wenn man kräftige und reich blühende Pflanzen wünscht. Dichte Bestände führen zu Kümmerwuchs und kleinen, schwach entwickelten Blüten. Vollsonnige Plätze wählen, am besten in guten, humus- und nährstoffreichen Gartenböden. Mindestens einmal nachdüngen, am besten mit einem granulierten, stickstoffbetonten Mehrnährstoffdünger, etwa drei Wochen nach der Keimung.

Topfkultur: Für Topfkultur sät man im April in flache Schalen und pikiert nach dem Aufgang der Saat 10–15 Sämlinge in 20–25 cm große Töpfe in nährstoffreiche Blumenerde. Man kann auch direkt in den „Endtopf" säen, sollte dann aber auf 10–15 Pflanzen vereinzeln. Der Klatsch-Mohn gilt als außerordentlich trockenheitsverträglich, doch muss bei der Topfkultur ausreichend gegossen werden. Bei Ballentrockenheit werden die Pflanzen schnell unansehnlich und erholen sich auch meist nicht wieder. Nach der Durchwurzelung des Topfballens ist wöchentlich flüssig nachzudüngen.

Krankheiten und Schädlinge: Lästig können Blattläuse werden. Auch auf Schnecken muss man achten.

Auch in Töpfen lässt sich der Klatsch-Mohn in den Garten holen.

Die Kronen-Wucherblume (*Xanthophthalmum coronarium*) verwandelt den Naturstandort in ein gelbes Blütenmeer.

Kronen-Wucherblume

Xanthophthalmum coronarium
(Syn. *Chrysanthemum coronarium*)

Eine typische Feldblume ist die Kronen-Wucherblume. Viele Wege, Feldränder und Brachen im Heiligen Land sind von dieser schönen Blume geschmückt. Vielleicht dienten für den „verwelkten Kranz von prächtigen Blumen" bei Jesaja die strahlenden Blüten der Kronen-Wucherblume als Grundlage. Zumal die Pflanze in Oberägypten schon zur Zeit der 20. bis 26. Dynastie für Mumiengebinde gebraucht wurde. Auch griechische und römische Schriftsteller führen sie als Kranzpflanze auf.

Dann geht es dem verwelkten Kranz von prächtigen Blumen, auf dem Gipfel über dem fruchtbaren Tal, wie einer frühreifen Feige vor der Ernte: Wer sie erblickt, der verschlingt sie, kaum dass er sie in der Hand hat.

Jesaja 28,4

Steckbrief

Wuchs: Kräftiges, aufrechtes, reich verzweigtes und beblättertes einjähriges Kraut, 30–100 cm hoch.
Laub: Blätter länglich bis verkehrt-eiförmig, doppelt fiederspaltig, sitzend, die oberen Stängel umfassend.
Blüte: Die lang gestielten, 3–6 cm breiten Blütenköpfe sind in innere Röhrenblüten und äußere Zungenblüten gegliedert. Erstere sind gelb oder grünlich und werden von gelben oder auch weißen Zungenblüten umgeben. Blütezeit von Juni bis September.
Herkunft: Als Heimat wird das Mittelmeergebiet angegeben, östlich bis zum Iran reichend. Heute ist sie in vielen Ländern unserer Erde eingeschleppt und dort „heimisch" geworden, in Deutschland seit dem 16. Jahrhundert in Kultur.

Die Kronen-Wucherblume benötigt ein großes Pflanzgefäß und viel Wasser zum Gedeihen.

Kultur- und Pflegehinweise

Verwendung: Attraktive Sommerblume für bunte Beetbepflanzungen. Zum Schmücken von Balkon und Terrasse kann sie auch in größeren Töpfen gezogen werden. Auch als Schnittblume verwendbar.

Verfügbarkeit im Handel: Pflanzen werden nur gelegentlich im Handel angeboten, Samen sind üblicher. Dabei handelt es sich um Kulturformen oder um Auslesen von der Art. Neben den typischen gelben sind auch weiße, cremefarbene, gefüllt blühende, niedrige und hohe Formen vertreten.

Beetkultur: Zur Bepflanzung von sonnigen Gartenbeeten Anfang April aussäen, danach pikieren und ab Mitte Mai auf 25–40 cm Abstand auspflanzen.

Topfkultur: Aussaat wie vorstehend. Nach der Keimung mehrere Sämlinge direkt in den „Endtopf" pikieren, bis zu 5 Stück bei 20-cm-Töpfen .

Gießen: Der Wasserbedarf ist bei sonnigem Wetter sehr hoch. Insbesondere bei der Kultur in Töpfen ist auf eine ausreichende Wasserversorgung zu achten. Ballentrocken gewordene Pflanzen werden unansehnlich und erholen sich kaum noch.

Düngen: Hoher Nährstoffbedarf, doch sollte man es mit der Düngung auch nicht übertreiben, sonst werden die Pflanzen zu mastig und blühen weniger gut. Bei Topfkultur ist nach Durchwurzelung des Ballens wöchentlich flüssig nachzudüngen.

Krankheiten und Schädlinge: Auf Blattläuse muss man achten. In feuchten Jahren kann verstärkt Mehltau auftreten.

Literaturverzeichnis

Balling, L.A.: Bäume Freunde der Menschen. Missionsverlag Mariannhill, Würzburg 1988

Darom, David: Die schönsten Pflanzen der Bibel. Palphot Ltd. P.O.Box 2. Herlia 46100, Israel

Delf, Brian/Motyer, Stephen: Bibelatlas. Verlag Katholisches Bibelwerk, Stuttgart 2001

Die Bibel. In neuer Rechtsschreibung. Einheitsübersetzung der Heiligen Schrift. Verlag Katholisches Bibelwerk, Stuttgart 2001

Erhardt/Götz/Bödeker/Seybold ZANDER Handwörterbuch der Pflanzennamen. Verlag Eugen Ulmer, Stuttgart 2002

Franke, Gunther (Hrsg.): Nutzpflanzen der Tropen und Subtropen. Band 1 bis 3. Verlag Eugen Ulmer, Stuttgart, 1994

Gebauer, Rosemarie: Unter Feigenbaum und Weinstock. Herausgeber: Kirche und BUGA 2001 e.V., Potsdam

Geisler, Gerhard: Farbatlas Landwirtschaftlicher Kulturpflanzen. Verlag Eugen Ulmer, Stuttgart 1991

Haag, Herbert: Das Land der Bibel. Verlag Katholisches Bibelwerk, Stuttgart 2000

Hegi, G.: Illustrierte Flora von Mittel-Europa Carl Hanser Verlag, München 1965. Verlag Paus Parey Berlin, Hamburg 1979-1992. Blackwell Wissenschafts-Verlag, Berlin, Wien 1994-1997.

Hepper, Nigel, F.: Der Bibel-Garten. Verlag Klaus Gerth, Asslar, 1998

Kawollek, Wolfgang: Kübelpflanzen. Verlag Eugen Ulmer, Stuttgart, 1997

Kawollek, Wolfgang: Das praktische Bonsaibuch. Verlag Eugen Ulmer, Stuttgart, 1992

Kawollek, Wolfgang: Bonsai für das Zimmer. Verlag Eugen Ulmer, Stuttgart, 1997

Kawollek, Wolfgang: Das Zimmerbonsai-Buch. Verlag Eugen Ulmer, Stuttgart, 1997

Kroll, Gerhard: Auf den Spuren Jesu. St. Benno-Verlag GmbH Leipzig, 1990

Meyer, Burkhard, Pfarrer: Kontakte – Ökumenischer Gemeindebrief 1/2003 Kirchen in Kassel

Schirarend, C./Heilmeyer M./Förderkreis der naturwissenschaftlichen Museen Berlins e.V. (Hrsg.): Die Goldenen Äpfel. G-und-H-Verlag, Berlin 1996

Schütt/Weisgerber/Schuck/Lang/Roloff (Hrsg.): Enzyklopädie der Holzgewächse, Ecomed Verlagsgesellschaft, Landsberg

Woenig, Franz: Die Pflanzen im alten Ägypten. Philo Press, Amsterdam 1971

Zohary, Michael: Pflanzen der Bibel. Calwer Verlag, Stuttgart 1983

Bildquellen

Titelfoto: mauritius images/robertharding/Tim Graham

akg-images Seite 37 unten, 60, 63, 103 links.

akg-images/Erich Lessing Seite 110.

akg-images/Jean-Louis Nou Seite 42.

akg-images/Werner Forman Seite 54 rechts.

Fischer, Siegfried Seite 52.

Hecker, Frank Seite 9, 17, 20, 58, 61, 76, 87.

Helm, Gunter/Hecker, Frank Seite 64/65, 70, 78/79, 92, 108.

Kautzky, Hannes/Hecker, Frank Seite 13, 50/51, 85, 89, 95, 116/117.

Kawollek, Wolfgang Seite 2/3, 8, 14/15, 18, 19, 23, 28, 30, 32, 34, 36, 41, 45, 48, 49, 57, 59, 62, 72, 84 oben, 84 unten, 88, 90, 93, 94, 97, 98 links, 100, 101, 103 links, 103 rechts, 104 links, 104 rechts, 105, 107, 111, 113, 115, 122, 124, 126.

König, Rudolf/Hecker, Frank Seite 7, 21, 26, 27, 35 oben, 35 unten, 37 oben, 54 links, 56, 67, 98 rechts, 109.

Lange, Dagmar/Hecker, Frank Seite 10/11, 31, 96, 112, 119.

Laux, H. E. Seite 43, 46, 53, 68/69, 74, 120, 125.

Lenz, Marianne/Hecker, Frank Seite 6/7, 82/83.

Österreichische Nationalbibliothek Wien Seite 16, 25, 29.

Sauer, F./Hecker, Frank Seite 39, 77, 102.

Spohn, Roland Seite 24, 55, 80, 81.

Register

Fett gedruckte Seitenzahlen verweisen auf Abbildungen.

Bibliografische Information der Deutschen Nationalbibliothek
Die Deutsche Nationalbibliothek verzeichnet diese Publikation in der Deutschen Nationalbibliografie; detaillierte bibliografische Daten sind im Internet über http://dnb.d-nb.de abrufbar.

Wollgrasweg 41, 70599 Stuttgart (Hohenheim)
E-Mail: info@ulmer.de
Internet: www.ulmer.de
Lektorat: Bärbel Oftring, Carolin Witte
Herstellung: Stephanie Haun
Umschlaggestaltung: Antje Warnecke, nordendesign.de
Reproduktion: timeRay Visualisierungen, Jettingen
Satz: r&p digitale medien, Echterdingen
Druck und Bindung: Pustet, Regensburg
Printed in Germany

ISBN 978-3-8186-1299-3

Hier können Sie weiterlesen

Kraft und Magie der Heilpflanzen. Jahreskreisfeste, Brauchtum, Kräuterwissen und Rezepte. Rudi Beiser. 2., aktualisierte Auflage 2019. 255 S., 133 Farbzeichnungen, 13 Farbfotos, geb. ISBN 978-3-8001-0377-5.

Maibaum, Barbarazweige und Hexen in der Walpurgisnacht – das sind altbekannte Bräuche. Aber was genau hat es damit auf sich? Lassen Sie sich in die geheimnisvolle Welt unserer Heilpflanzen entführen. Das Wissen um Pflanzenmagie und Kräuterbrauchtum ist uralt und existiert noch heute. Heilpflanzen-Experte Rudi Beiser stellt neun ausgewählte magische Pflanzen vor, die Heilmethoden und Zauberwissen unserer Vorfahren wieder aufleben lassen. Alte Pflanzenrituale und Aberglaube werden spannend erklärt, gedeutet und eingeordnet. Mit zahlreichen Ideen und Rezepten, die altes Brauchtum und Rituale in die heutige Zeit überführen.

Pflegeleichte Grab-Bepflanzung

Pflanzen für das Grab.

184 geeignete Blumen und Sträucher.

Christiane James. 2., aktualisierte Auflage 2018.

128 Seiten, 230 Farbfotos, kart.

ISBN 978-3-8186-0554-4.

Die Bepflanzung von Gräbern hat eine lange Tradition, die bedeutet einem geliebten Menschen nahe zu sein. In diesem Buch lernen Sie bewährte Stauden, Gehölze und Einjährige kennen, die eine dauerhaft grüne, blühende und einfach zu pflegende Bepflanzung ermöglichen. Die symbolische Bedeutung der Pflanzen spielt dabei ein große Rolle. 184 geeignete Pflanzen sind inklusive Details zu Wuchsform, Standort, Verwendung und Pflege kurz und kompakt beschrieben.